하나님이 궁금한 당신에게

하나님이
궁금한
당신에게

이호수 지음

인생에 대한 본질적인 질문에
기독교 신앙이 답하다

토기장이

"너희가 온 마음으로 나를 구하면
나를 찾을 것이요 나를 만나리라"

(예레미야 29:13)

• 차례

프롤로그

나는 누구인가? ___ 12
우리는 우연히 생겨난 존재인가? ___ 17
하나님은 존재하는가? ___ 22
인간에게 들어온 죄 ___ 34
십자가, 그리고 구원 ___ 48
부활 ___ 56
두 아담 이야기: 타락과 구원 ___ 64
하나님 나라와 생명 ___ 70
믿음이란 무엇인가? ___ 79
믿고 싶어도 안 믿어지는데… ___ 85
기독교 신앙은 종교가 아니다 ___ 92
하나님은 문제를 해결하고 위로해 주신다 ___ 97

에필로그

※일러두기

특별한 표기가 없는 모든 성경 구절은 개역개정성경을 인용한 것이다.

프롤로그

인생의 어느 순간, 이런 질문을 던져 본 적이 있을 것이다. "나는 누구인가?" "누가 나를 창조했는가?" "죽음 이후에는 어떻게 되는가?" 인간의 존재에 대한 근본적인 질문들이다. 이에 대해 인간의 이성과 과학은 침묵하거나 이해하기 어려운 주장을 할 뿐이다. 기독교 신앙은 이러한 질문들에 대해 명확한 답을 해주며 삶의 의미와 죽음 너머의 영원한 생명에 대해 알려 준다.

성경은 인간은 하나님이 창조한 존재이며, 그분과의 관계 속에서 진정한 삶의 의미를 발견할 수 있다고 말한다. 그러나 인간은 처음부터 범죄했고, 죄의 굴레 속에서 고통과 죽음을 경험한다. 하나님은 우리를 끝까지 포기하지 않으셨다. 그분은 예수 그리스도를 인간의 몸으로 이 땅에 보내셨고, 십자가에서 우리의 죄를 대신 짊어지게 하심으로 우리를 구원하셨다.

이 책은 삶의 본질적인 질문을 던지는 분들을 위한 답변으로서 기독교 신앙을 소개한다. 공허한 종교적 교리나 철학적 사색을 위한 책이 아니다. 우리의 존재, 삶과 죽음을 넘나드는 구원과 영원한 생명에 초점을 맞추었다.

최근 들어 하나님이 존재한다면 알고 싶다고 말하는 분들을 종종 만나게 된다. 하나님를 만나고 싶다는 간절함을 표현하는 이들을 보면 과거 하나님을 알기 전의 내 모습과 많이 닮아 있다. 그분들의 목마름을 조금이라도 해소하기 위해 내가 무엇을 할 수 있을까를 오랫동안 고민했다. 그리고 내가 이해한 기독교의 실루엣을 함께 나눌 수 있다면 도움이 되지 않을까 하는 생각에 이르렀다.

평생을 컴퓨터 공학과 경영 분야에 전념해 온 나에게 신앙에 관한 책을 집필하는 것은 큰 도전이었다. 그러나 복음에 빚진 자로서, 잃어버린 한 영혼을 애타게 찾으시는 하나님과 동행하는 마음으로 이 책을 집필하기로 결심했다. 이 책을 쓰도록 열정과 담대함을 주시고, 매 쪽마다 필요한 내용을 차곡차곡 채워 주신 하나님께 감사드린다.

이 책은 내가 누군지에 대한 근원적 물음과 하나님의 존재와 성품을 살펴보는 것으로 시작한다. 그리고 인간의 타락과 예수님의 십자가를 통해 하나님의 구원 계획이 어떻게 성취되었는지를 알아본다. 마지막으로 생명과 믿음에 관한 생각을 나누고자 한다.

이 책이 하나님을 찾기 원하는 분들에게 그분의 존재와 헤아릴 수 없는 사랑을 알고 더 가까이 다가가는 데 조금이라도 도움이 되기를 바란다.

나는 누구인가?

나는 뉴욕에 있는 IBM 연구소에서 인공지능 분야를 연구했었다. 같은 층에 있는 다른 연구실에서는 약 30명 정도의 세계 톱 클래스 연구자들이 컴퓨터 비전 연구를 하고 있었다. 궁극적 목표는 사람 눈의 물체 인식 수준과 버금가는 인공 눈을 만드는 것이었다. 어느날 그들이 오랫동안 연구한 결과를 보여 주었다. 실망스럽게도 그들이 만든 인공 눈은 사물 인식 성능이 너무 형편없어서 사람 눈과 비교하는 것 자체가 무의미했다.

그날 밤 나는 집에서 돌을 갓 넘긴 아기가 사물을 잘 인식하는 것을 보았다. 그리고 그 순간 인간의 눈에 경이로움을 느꼈다. 연구소에 세계 최고의 전문가들이 모여서 오랜 기간에 걸쳐 연구 개발한 것과 비교가 안 될 정도로 우월했다.

우리는 누구이며, 어디서 와서 어디로 가는가?

아기는 놀랄 만한 생물학적 기능을 가지고 태어난다. 시청각 기능, 심장 운동 기능, 인지 기능, 소화 기능 등이다. 인간은 신체 장기 구조도 모르고 어떻게 작동하는지도 모른다. 아기의 부모는 신체의 어떤 기능도 설계하거나 만들 능력이 없다. 그럼 아기가 태어날 때부터 가지고 있는 그런 신묘막측한 기능들은 과연 누가 설계하고 만들었단 말인가?

잠시도 쉬지 않고 하루 종일 작동하는 뇌와 심장을 포함하여 엄청나게 복잡한 신체 장기는 누가 작동시키는가? 꼬리를 물고 생기는 이러한 원초적인 의문이 하나님을 찾는 출발점이 되었다.

이러한 근원적인 의문은 프랑스 미술가 폴 고갱Paul Gauguin도 가지고 있었다. 그는 1891년에 프랑스를 떠나 타히티로 이주했다. 타히티에 머무르며 1897년에 그린

〈우리는 어디서 왔고, 우리는 무엇이며, 우리는 어디로 가는가?〉라는 작품에서 그는 근본적인 문제를 제기했다.

고갱은 이 그림을 그리기 직전 극심한 절망감에 빠져 자살을 시도하기도 했다. 이러한 배경 속에서 고갱은 인간의 기원, 삶의 본질, 궁극적인 목적에 대한 질문을 이 작품에 담았다. 그는 이 그림에서 인간의 삶의 단계를 표현했다. 오른쪽의 갓 태어난 아기와 이를 바라보는 두 여성의 모습은 삶의 시작을 보여 주고, 중앙에서는 다양한 인간의 모습과 삶의 본질과 일상적인 활동을 나타내고 있으며, 왼쪽에는 죽음을 상징하는 노인을 등장시켜 삶의 종말에 대한 질문을 제기했다.

"나는 누구일까?" "나는 어떻게 태어났을까?" 많은 사람들이 살아가면서 한 번쯤은 던지는 질문이다. 나 역시도 한동안 이 질문에 매달리며 답을 찾으려 애썼지만 지식과 경험이 쌓일수록 오히려 더욱 미궁에 빠져 들어갔다.

세상은 끊임없이 자기 자신을 찾고 개발하라고 말한다. 서점에는 긍정적 사고방식, 자존감 높이기, 성공하는 습관 등을 다룬 자기개발서들이 쌓여 있다. 하지만 이런 책들은 우리가 가진 근원적인 질문에 대한 답을 주기는커녕, 오히려 더 깊은 혼란 속으로 밀어 넣는 경우가 많다.

결국 모래시계와 하이픈 인생이다

인생은 길고 복잡해 보이지만, 결국 끝이 있는 여정이다. 마치 모래시계처럼. 모든 인간은 태어날 때부터 각자에게 주어진 모래시계에서 모래가 흐르기 시작해 그 모래의 흐름이 그치면 죽음을 맞이한다.

아무리 위대한 삶을 살았더라도, 우리의 인생은 결국 묘비에 새겨진 짧은 숫자와 하이픈 하나로 요약된다. "1961-2024"처럼 출생과 사망 년도를 이어 주는 그 작은 하이픈이 우리가 살아온 모든 순간과 이야기를 대신하는 셈이다. 화려한 성공과 치열한 노력, 수많은 기쁨과 슬픔도 결국 그 짧은 선 하나로 표현될 뿐이다.

이 세상에서 호흡이 끝나면 우리는 어디로 가는가? 몸은 개와 고양이와 다름없이 흙으로 돌아간다. 인간을 제외한 동물은 그것으로 끝이다. 하지만 인간은 죽음이 끝이 아니다. 가 본 적이 없는 새로운 세계의 시작이다.

마치 고치를 깨고 나오면 예쁜 나비가 되어 날개를 활짝 펴고 새로운 세상으로 날아가듯이. 우리는 사후 어디로 가는가?

우리는 우연히 생겨난 존재인가?

진화론자는 생명의 기원이 아메바와 같은 단순한 미생물에서 시작되었다고 주장한다. 그들은 이러한 생명이 수백만 년, 아니 수십억 년에 걸쳐 점진적으로 변화와 적응을 거치며 오늘날의 복잡한 생명체로 발전했다고 말한다. 과연 그럴까?

우리가 학교에서 배운 진화론은 과학적 사실과 상식보다는 주로 인간이 만든 가설에 기반한 것이다. 화석과 여러 조각의 증거를 짜 맞춘 '그럴듯한' 이야기라고 할 수 있다. 진화론은 단세포 생물이 오랜 세월 동안 진화해 인간의 몸과 두뇌가 되었다고 주장한다. 사실일까? 진화론자들이 자주 사용하는 '오랜 세월 동안'이라는 표현은 그들 주장의 핵심이지만, 구체적인 과정을 명확히 설명하지 않는다. 확신이 없거나 모르기 때문이다.

진화론자들은 생명의 출발점을 화학적 진화와 자연 선택으로 설명하려 한다. 하지만 생명체의 가장 단순한 형태조차도 생화학적으로 매우 복잡한 시스템을 가지고 있다. 돌연변이와 자연 선택이라는 우연의 결과로 이러한 정교한 시스템이 만들어졌다는 주장은 납득하기 어렵고 설득력이 약하다.

또한 진화론의 핵심인 '점진적 변화'라는 개념은 화석 기록에 의해서도 뒷받침되지 않는다. 점진적 변화가 증명되려면 한 종이 다른 종으로 변하는 과정에서 수많은 중간 형태의 화석이 발견되어야 한다. 예를 들어, 물고기에서 양서류로 변하거나, 파충류에서 조류새로 변하는 과정의 화석이 존재해야 하지만, 실제로 발견된 것은 완전한 형태의 화석이 대부분이다. 중간 형태의 화석, 이른바 '전이 화석'은 거의 없다.

생명체의 복잡성과 정교함을 보면, 이는 단순히 돌연변이와 자연 선택만으로 만들어질 수 없다는 것을 깨닫게 된다. 예를 들어, 인간의 눈은 렌즈, 망막, 광수용체 등으로 이루어진 아주 정교한 구조를 가지고 있다. 어느 한 부분이라도 없으면 눈으로 작동하지 못한다. 만일 이러한 눈의 구조가 점진적으로 발전했다면, 중간 단계에서 눈은 제대로 기능하지 못했을 것이다. 앞에서 말한 여러 정황으로 볼 때, 생명체는 우연이 아니라 전능한 지적 설계자인 창조주가 처음부터 완벽하게 설계한 것이라는 관점이 합리적이다.

어떤 사람이 한 대장간을 방문해 대장장이에게 하나님이 우주에 있는 모든 것을 운행하고 있다고 말했다. 이에 대해 그 대장장이는 하나님은 없고 온 우주와 인간의 탄생과 작동은 우연히 된 것이라고 반박했다. 방문자는 모든 것이 우연이라고 말하는 대장장이에게 호미 하나를 달라고 했다. 그리고 호미 날과 나무 손잡이를 분리해 작은 상자에 넣은 후, 두 개가 우연히 달라 붙어 완전한 호미가 될 때까지 흔들어 보라고 했다. 간단한 것이지만 '오랜 세월이 지나면', '우연히' 호미 날과 손잡이가 붙을 수 있을까? 하물며, 상상을 초월할 정도로 복잡한 인간과 우주 천지만물이 어떻게 완벽하게 작동할 수 있을까?

인간의 장기는 결코 진화나 우연으로 만들어지는 조잡한 물건이 아니다. 과연 누가 내 몸을 설계하고 만들어 (어머니를 통해 세상에 나오게 했고), 누가 작동시키고 있는지에 대한 궁금증은 오랫동안 풀리지 않은 갈증이었다.

부부의 성관계로 임신이 이루어진다. 그런데 그 부부는 성관계 후 즉시 임신이 되었는지 아닌지 모른다. 시간이 흐른 후 검사를 통해 임신 여부를 확인할 수 있다. 어떤 부부는 생식 기관도 정상적이고 아기를 가지기 원하는데도 임신이 안 된다고 하소연한다. 왜 성관계 후 즉시 임신 사실을 모르며, 임신을 원하는데도 아기가 생기지 않는 것일까?

답은 자명하다. 아기는 그 부부가 만드는 것이 아니라 다른 '누가' 만들어 주기 때문이다. 사실 인간의 의식 속에는 임신은 부부가 원한다고 되는 것이 아니라, 어떤 초월적인 존재가 임신시켜 주어야 한다는 생각이 배어 있다. 이를 반증하듯, 난임 부부를 위한 임신 기원 의식은 무속 신앙과 많은 종교에서 쉽게 찾아볼 수 있다.

성경은 모든 것이 하나님으로 말미암아 창조되었으니 그가 없이 창조된 것은 하나도 없고, 창조된 것은 그에게서 생명을 얻었다고 선언한다(요한복음 1:3-4).

고대 유대의 다윗왕은 하나님이 자기를 만드셨다고 고백했다. "주께서 내 내장을 지으시며 나의 모태에서 나를 만드셨나이다 … 주께서 하시는 일이 기이함을 내 영혼이 잘 아나이다"(시편 139:13-14). 또 예레미야 선지자는 하나님이 자기를 모태에 지으셨다고 고백했다(예레미야 1:5).

엄마의 자궁에서 아기를 만드는 이가, 그 아기가 태어난 후 신체의 모든 기능을 운행할 것이다. 우리는 단세포 생물에서 진화한 존재가 아니라, 하나님이 설계하고 만드신 최고의 작품이다.

하나님은 존재하는가?

영적 존재인 하나님은 볼 수도, 만질 수도 없다. 어떻게 해야 알 수 있는지도 몰라 혼란스럽다. 우리를 지으신 분인데도 모르고 있다.

혹자는 인간의 이성과 경험을 바탕으로 '연구'하여 하나님의 존재 여부를 밝히려 한다. 그러나 여기서 중요한 문제는, 이러한 연구를 수행하는 주체가 누구인가 하는 것이다. 죄로 인해 영적으로 죽은 그들은 하나님을 볼 수 있는 영적인 눈이 닫혀 있다. 눈가리개를 하고 물건을 찾으려 헤매는 것과 같다. 따라서 아무리 노력해도 결론이 모호하거나 본질에서 벗어난 소리에 불과할 뿐이다.

결국 그들은 하나님을 알 수 없으므로 존재하지 않는다고 주장한다. 마치 땅 위의 개미가 인간을 인지하지 못하여 인간이라는 존재는 없다고 주장하는 것처럼.

여기서 잠깐 흥미로운 상황을 상상해 보자. 만일 인간이 땅에 있는 개미에게 자기 존재를 알리고 소통하고자 한다면 어떻게 하는 것이 바람직할까? 개미는 인간의 크기와 본질을 이해할 수 없는 존재다. 따라서 인간이 개미와 소통하기 위해서는 개미의 세계로 들어가야 한다. 인간이 개미들에게 자신의 의도를 설명하거나 도움을 주고자 한다면, 그들의 입장에서 이해할 수 있는 방법으로 이를 전달해야 한다. 인간이 개미의 크기와 형태로 변화하여 그들의 방식으로 움직이고, 그들의 소통 방법과 행동을 사용해 의사를 전해야 한다. 이 과정을 통해 인간은 비로소 개미의 삶을 직접 경험하며, 그들의 한계를 이해하고 공감할 수 있게 된다. 또한 개미는 인간이라는 새로운 존재에 대해 경계하거나 두려워하지 않고, 그를 통해 더 높은 차원의 존재가 있음을 인식할 기회를 얻게 된다.

하나님은 인간의 이해를 초월한 존재이기 때문에 인

간의 오감과 이성으로는 발견하고 이해하기 어렵다. 하지만 하나님은 인간이 알 수 있는 방법으로 스스로를 드러내셨다. 앞에서 든 개미 비유는, 하나님께서 인간에게 자신의 존재를 알리기 위해 예수님이라는 인간의 몸으로 오신 '성육신' 사건과 유사하다. 하나님은 우리와 같은 낮은 모습으로 찾아오셔서 인간의 한계와 고통을 직접 경험하셨다. 이를 통해 인간은 하나님과 소통하는 길이 열리게 되어 그분의 본질을 보다 분명하게 이해할 수 있게 되었다. 이는 인간과 개미처럼, 전혀 다른 차원의 존재가 만나 소통하는 유일한 방식일 것이다.

하나님이 예수라는 인간의 몸으로 이 땅에 오신 것은 보이지 않는 하나님을 인간이 이해할 수 있도록 나타내신 필수적이고 가장 완벽한 방법이었다. 성경은 예수님을 보이지 않는 하나님의 형상이라고 말한다(골로새서 1:15). 또한 예수님도 나를 본 사람은 아버지를 보았다고 말씀하셨다(요한복음 14:9). 이는 예수님이 하나님 자신임을 명확히 선언하신 것이다.

인간에게 자신을 알리려는 하나님의 노력에도 불구하고 "하나님은 없다"라고 주장하는 무신론자가 있다.

사실 하나님이 존재하지 않는다는 주장을 증명하기는 매우 어렵다. 아니, 불가능하다. 왜냐하면 이 주장은 인간의 모든 역사와 온 우주를 살펴본 후, 하나님이 어디에도 없다는 것을 확인한 후에야 설득력이 있기 때문이다. 무신론자들이 온 우주를 모두 탐색한 후 하나님은 존재하지 않는다는 결론을 내렸던가? 아니다. 단지 그들의 마음이 그렇게 단정하고 싶은 것이다. 죄로 인해 하나님을 떠난 인간 중심의 세계에서는 "하나님은 없다"라고 여기는 게 마음이 편할 수 있기 때문이다. 하지만 손으로 해를 가릴 수 없듯이, 초등적인 인간의 사고가 하나님의 존재를 가릴 수는 없다.

인간은 극한의 공포나 무력감을 느낄 때 초월적 존재에 대한 잠재적 의식이 자연스럽게 표출된다. 위급한 상황을 만나면 본능적으로 "하나님, 살려 주세요!"라고 외친다. 재난을 당하면 "하나님도 무심하시지!"라는 말을 무의식중에 내뱉는다. 만일 하나님이 존재하지 않는 허구라면 본능적으로 이런 말을 할 수 있을까? 위기 상황에서 창조주를 찾는 반사적 반응은 인간 영혼에 새겨진 본성에서 비롯된다. 이런 본능적 반응은 신의 존재를 완벽하게 증명하지는 않지만, 인간의 초월적 존재에 대한 인식을 보여 준다.

하나님은 성육신하신 예수님을 통해서뿐 아니라, 그분이 창조한 세계를 통해서도 인간이 하나님을 분명히 알도록 하셨다. 자연에 내재해 있는 놀라운 조화와 질서, 경이로운 아름다움은 단순한 우연이 아니라 창조주의 손길을 보여 준다. 성경은 하나님이 지으신 만물에서 하나님의 존재와 능력을 깨닫게 되어 있으므로 사람은 하나님을 모른다고 핑계댈 수 없다고 분명히 말한다(로마서 1:20).

하나님이 창조하신 수많은 빛 중에서 우리는 고작 가시광선만 볼 수 있을 뿐이다. 자외선이나 X-선 등 다른 스펙트럼에 위치한 빛들은 보지 못한다. 우리가 못 본다고 해서 그것들이 존재하지 않는가? 제한적인 인간의 오감과 이성으로 무한하고 초월적인 하나님을 완전히 이해하는 것은 불가능하다.

시간과 공간을 지으신 하나님을 인간의 제한된 시야나 사고로 인식할 수 있겠는가? 우리가 느낄 수 없거나 볼 수 없다고 해서 하나님이 없다고 말할 수 있는가? 천지를 지으신 하나님을 인간의 이성이나 과학으로 알 수 있다고 생각하는가? 절대로 그럴 수 없다. 사실 제한된 인간의 오감이나 이성으로 인식되고 이해되는 그 무엇은 이미 하나님이 아닐 것이다.

무신론자에 대해 성경은 "어리석은 자는 그의 마음에 이르기를 하나님이 없다 하도다 그들은 부패하며 가증한 악을 행함이여 선을 행하는 자가 없도다"(시편 53:1)라고 말한다. 그들은 단순히 하나님의 존재를 부정하는 것뿐 아니라, '하나님은 나와는 상관없다, 별 필요가 없다, 도움이 안 된다'라고 생각한다. 더 나아가, 하나님을 모르는 무지함과 어리석음으로 인해 그 마음이 부패하고 타락하여 악을 행한다.

양심은 하나님의 존재를 설명한다

위에서 언급한 바와 같이, 하나님은 성육신하신 예수님을 통해서뿐 아니라, 우주와 경이롭고 아름다운 자연을 통해서 인간이 하나님을 분명히 알도록 하셨다. 이와 별개로 목회자, 신학자, 변증론자 등 하나님을 믿는 자들은 오랜 세월 동안 하나님의 존재를 객관적으로 이해하려고 노력해 왔다. 그중에서 C. S. 루이스C. S. Lewis와 팀 켈러Tim Keller는 '도덕적 법칙Moral Argument'을 통해 하나님의 존재의 당위성을 설명했다.

도덕적 법칙이란 옳고 그름을 판단하는 기준으로, 문화나 개인의 차이를 넘어 모든 사람에게 공통적으로 적용되는 규칙을 의미한다. C. S. 루이스와 팀 켈러는 이런 도덕적 기준이 우연히, 혹은 단순히 본능이나 사회적 관습에서 온 것이 아니고 하나님이 사람 안에 심어 준 것이므로 이는 곧 하나님이 존재한다는 증거라고 말했다. 그들의 관점이 무엇인지 자세히 살펴보자.

C. S. 루이스는 그의 책 「순전한 기독교Mere Christianity」에서 사람들 마음속에 있는 도덕적 법칙이 단순히 사회의 관습이나 인간 본능에서 비롯된 것이 아니라, 하나님과 같은 초월적인 존재가 있다는 증거라고 설명한다.

모든 인간은 선과 악에 대한 보편적인 직관을 가지고 있다. 예를 들어 "살인은 잘못이다", "거짓말을 하면 안 된다"라는 도덕적 판단은 모든 문화와 시대를 초월해 공통적으로 존재한다. 사람들이 서로 다투는 상황에서 누가 "어떻게 그럴 수가 있어?"라고 말한다면, 그는 상대

방도 도덕 규칙을 이미 알고 있다고 전제한 것이다. 이러한 도덕적 법칙은 인간이 만든 것이 아니라 타고난 것이므로 자연세계로부터 유래할 수 없으며, 반드시 초월적인 존재가 필요하다는 것이다.

도덕적 법칙은 단순한 본능이나 생존 욕구와는 다르다. 본능은 상황에 따라 충돌할 수 있지만, 도덕적 법칙은 이러한 본능 사이에서 올바른 선택을 하게 하는 상위 기준이다. 루이스는 배가 고프더라도 남의 음식을 훔치지 말아야 한다고 느낄 때의 배고픔(생존 본능)과 정직(도덕적 기준) 사이의 갈등을 설명하며, 도덕적 법칙이 본능을 넘어선다고 말한다.

도덕적 법칙은 사회적 학습이나 진화론적 생존 전략으로 설명될 수 없다. 예를 들어, 특정 상황에서 이기적으로 행동하는 것이 더 유리함에도 불구하고 우리는 도덕적 이유로 희생적인 선택을 한다. 또한 전쟁 중 자기 목숨을 희생하면서까지 동료를 구하는 경우도 있다. 이는 단순히 진화나 생물학적으로 설명하기 어려운 이타심이며, 초월적 존재에 의한 도덕적 기준에 의해서만 가능하다.

하나님의 존재에 대해 뉴욕 맨해튼 리디머 장로교회의 설립자인 팀 켈러 목사가 언급한 내용을 살펴보자. 팀 켈러는 그의 책 「하나님을 말하다 The Reason for God」에서 현대인의 의심과 질문에 답하며 하나님의 존재를 설명했다. 팀 켈러는 인간의 도덕성, 고통 속의 희망, 우주의 설계, 예수님의 부활, 그리고 사랑에 대한 갈망을 통해 하나님의 존재를 논리적으로 풀어나갔다.

그는 C. S. 루이스와 마찬가지로 선과 악, 정의와 부정의 개념이 존재한다면, 이는 객관적 도덕적 기준이 있다는 것을 의미하며, 이러한 기준은 초월적 존재, 즉 하나님에게서 비롯된 것이라고 주장한다. 구체적 사례로 그는 나치 독일의 학살이 객관적으로 잘못되었다는 우리의 확신을 언급한다. 만약 도덕이 단지 인간의 주관적 관습에 불과하다면 나치의 행위를 비판할 객관적 기준이 없지만, 우리는 본능적으로 그것이 잘못되었음을 안다. 이는 객관적 도덕의 근원이 필요하다는 것을 시사하며, 그 근원은 하나님임을 말하고 있다.

우주의 존재와 정교한 설계는 지적 설계자, 즉 하나님의 존재를 암시한다. 구체적 사례로 팀 켈러는 과학적 발견을 인용하며, 우주의 물리적 상수(중력, 우주 팽창 속도 등)가 놀랍도록 정교하게 조율되어 있다는 점을 강조한다. 그는 이를 "우주가 생명을 위해 세밀하게 조율되었다"는 사실로 설명하며, 이런 정교함을 하나님의 존재를 무시하고 무작위적인 자연적 진화 과정으로 설명하는 것은 불가능하다고 말했다.

하나님은 인간을 지극히 사랑하신다

성경에 따르면 인간은 하나님의 형상대로 창조된 특별한 존재다. 이는 인간이 단순한 피조물이 아니라 도덕성, 창의성, 지성을 포함해 여러 면에서 하나님을 닮은 독특한 존재임을 의미한다.

하나님은 인간에 생기를 불어넣어, 단순히 육체적 존재를 넘어 하나님과 친밀하게 소통할 수 있는 능력을 가진 영적 존재로 만드셨다. 또한 인간의 마음에 영원을 사모하는 마음을 두셨다. 이는 인간이 단순히 지금 이 세상의 삶만을 위해 만들어진 것이 아니라, 하나님과의 깊은 관계 속에서 영원한 목적과 의미를 위해 창조되었다는 것을 보여 준다.

하나님의 사랑은 인간의 창조에서 시작되어, 인간의 죄를 용서하시며 구원과 영원한 생명으로 초대하시는 방식으로 나타난다. 인간에 대한 하나님의 사랑은 희생적이고 무조건적이다. 요한복음 3장 16절은 이렇게 말한다. "하나님이 세상을 이처럼 사랑하사 독생자를 주셨으니 이는 그를 믿는 자마다 멸망하지 않고 영생을 얻게 하려 하심이라." 이는 멸망할 수밖에 없는 인간의 죄를 대신하기 위해 예수님을 이 땅에 보내 희생시키신 하나님의 사랑이 얼마나 깊은지를 보여 준다.

성경은 우리가 아직 죄인 되었을 때에 그리스도께서 우리를 위하여 죽으심으로 하나님께서 우리에 대한 자기의 사랑을 확증하셨다고 말한다(로마서 5:8). 하나님의 사랑은 인간의 행위나 자격에 의존하지 않으며, 인간이 죄 가운데 있을 때조차 사랑으로 구원의 길을 열어 주셨다.

요한계시록 3장 20절은 인간과 개인적인 관계를 맺고자 하시는 하나님의 사랑을 표현한다. "볼지어다 내가 문 밖에 서서 두드리노니 누구든지 내 음성을 듣고 문을 열면 내가 그에게로 들어가 그와 더불어 먹고 그는 나와

더불어 먹으리라."

하나님의 사랑은 우리의 삶 모든 곳에 스며 있다. 매일 마시는 물 한 모금, 숨 쉬는 공기 한 번에도 하나님의 사랑이 담겨 있다. 그분은 우리가 살아가는 모든 순간에 함께하신다. 하나님은 조건 없는 사랑으로 우리가 넘어질 때도 변함없이 손을 내미신다. 가장 큰 사랑의 증거는 우리를 위해 자신의 아들을 보내셔서 우리의 죄를 대신 짊어지게 하신 것이다.

하나님은 자신을 찾고 간절히 구하는 사람들에게 반드시 응답하겠다고 약속하셨다. 성경은 이렇게 말한다. "마음을 다하고 뜻을 다하여 그(하나님)를 찾으면 만나리라"(신명기 4:29). "너희가 온 마음으로 나를 구하면 나를 찾을 것이요 나를 만나리라"(예레미야 29:13). 하나님을 정말 만나고 싶다면, 약속에 의지해 마음을 다해 찾으면 된다.

인간에게 들어온 죄

하나님은 자신의 형상대로 인간을 창조하셨다. 이는 우리가 하나님의 성품, 도덕성, 창조적 능력, 관계 맺는 능력을 닮았다는 뜻이다. 우리는 단순한 피조물이 아니라 하나님의 동역자로 부름받은 특별한 존재다. 하나님이 인간을 만든 후 "보시기에 심히 좋았더라"(창세기 1:31)라고 하신 것은 인간의 존엄성과 가치를 강조하는 선언이며, 인간이 하나님의 창조의 절정임을 나타낸다. 하나님은 인간을 그분과 교제하며 사랑을 나누는 관계로 초대하셨고, 하나님의 영광을 드러내는 삶을 살도록 창조하셨다. 또한 인간에게 세상을 다스리고 관리하며 하나님의 뜻을 이루는 책임을 맡기셨다.

하나님은 인간을 창조하실 때 '자유의지'라는 놀라운 선물을 주셨다. 인간을 단순히 명령에 따라 기계적으로 움직이는 로봇 같은 존재가 아니라 스스로 생각하고 선택하며 결정할 수 있는 존재로 창조하신 것이다. 인간은 자유의지를 통해 하나님을 따르고 순종할 수도 있지만, 동시에 하나님을 거부하고 불순종할 수도 있다. 다만 각자의 선택이 초래한 결과에 따른 책임은 져야 한다.

사탄은 아담과 하와에게 "너희도 하나님처럼 될 수 있다"고 유혹했다. "하나님처럼 된다"는 것은 하나님을 떠나 모든 것을 내 마음대로 결정하고 살아가겠다는 것이다. 성경은 이렇게 하나님을 떠나 불순종하는 것을 '죄'라고 부른다. 아담과 하와가 하나님께 불순종했을 때, 순결하고 거룩했던 그들의 생명 속에 죄가 들어오게 되었다. 그 결과 아이러니하게 인간은 하나님처럼 된 것이 아니라, 오히려 죄와 죽음에 사로잡히게 되었다.

죄는 즉각적으로 인간과 세상 전체에 다음과 같은 심각한 결과를 가져왔다.

첫째, 아담과 하와가 죄를 지은 후, 죄는 그들을 하

나님으로부터 멀어지게 했고, 영적 죽음이 찾아왔다. 죄책감과 두려움이 밀려왔고, 그들은 하나님을 두려워하며 피해 숨어 버렸다. 그전까지 친밀했던 하나님과의 관계는 단숨에 끊어졌다.

둘째, 죄로 말미암아 모든 인간은 유한한 존재가 되어 영적 죽음뿐 아니라 육체적 죽음도 피할 수 없게 되었다.

셋째, 아담과 하와의 불순종으로 인해 세상에도 죄가 들어왔다(로마서 5:12). 그 결과, 아담 후에 태어나는 모든 인류에게 예외 없이 아담의 죄성이 전해 내려와 모든 사람이 죄의 본성을 가지고 태어나게 되었다(로마서 5:12). 이를 반증하듯 다윗왕은 자기가 태생부터 죄인이었음을 고백했다. "나는 죄 중에 태어났고, 어머니의 태 속에 있을 때부터 죄인이었습니다"(시편 51:5, 새번역).

넷째, 불순종의 결과로 모든 피조물은 고통과 저주를 경험하게 되었다. 여자는 출산의 고통이 커지고, 남자는 땅의 저주로 인해 땀을 흘려야 생존할 수 있게 되었다. 자연 세계 또한 인간의 타락으로 인해 고통과 파괴를 겪게 되었다.

아담과 하와의 생명 속에 죄가 들어온 후, 인간은 죄 짓는 것이 아주 자연스러워졌다. 가만히 있어도 저절로 죄를 짓게 되므로 죄를 짓기 위해 노력할 필요가 없다. 애써 막으려 해도 저절로 죄가 나온다. 완전히 부패되고 영적으로 죽어 하나님의 법을 지킬 능력이 없어진 것이다. 이것이 오늘날 인간의 현주소다.

사람들은 간혹 "내가 도대체 무슨 죄를 지었다고 '죄인'이라고 하는가?"라는 질문을 던진다. 인간 사회에서 죄는 법에 저촉되는 행동을 말한다. 이에 반해 하나님에게 죄는 인간이 행동으로 짓는 법적인 죄을 넘어, 마음에 품고 있는 죄스러운 생각까지를 포함하는 근원적인 것이다. 즉 미움, 거짓, 음란, 교만, 탐욕, 시기, 위선, 분노 등이다. 예를 들면, 누구를 미워하는 것은 인간의 법으로는 죄가 아니지만 하나님 기준으로는 살인죄에 해당한다. 성경은 여자를 보고 음욕을 품은 자는 이미 간음죄를 지었다고 말한다(요한일서 3:15, 마태복음 5:28).

인간이 죄인이라는 것은 사람의 성장 과정을 지켜보면 알 수 있다. 갓 태어난 아기를 사회와 완전히 격리시켜 성장하게 한다고 상상해 보자. 범죄를 보지도 못할 것이고 누가 죄를 가르쳐 주지도 않는다. 그렇게 하면 그 아이는 마음에 죄를 짓지 않을까? 아니다. 커가면서 그 아이의 마음 깊이 뿌리박고 있는 죄성이 스멀스멀 자라나 죄를 짓도록 유혹한다. 시편 51편 5절에서 다윗왕은 자신이 어머니의 태 속에 있을 때부터 죄인이었고, 죄 중에 태어났다고 고백했다. 그는 태생부터 타고난 죄성을 깨닫고 어찌할 수 없는 자신의 정체성에 대해 진절머리를 쳤다.

이렇게 모든 인간은 타고난 죄성으로 인해, 아무리 죄를 억누르려고 해도 자연스럽게 죄를 지을 수밖에 없는 비참한 처지로 전락하고 말았다.

아담의 범죄로부터 세대를 따라 내려온 죄의 권세는 우리를 끈질기게 괴롭히고 있다. 죄는 인간으로 범죄케 하고 죽음을 최종병기 삼아 불안과 고통을 준다. 우리는 일상에서 다양한 죄를 범한다. 매일 짓는 죄들이 용서받았을 때 우리는 죄에서 해방된 것 같은 느낌을 가질 것이다. 하지만 그것도 잠시뿐이다. 일상의 죄들이 용서받았다고 할지라도, 우리 안에 단단히 뿌리내리고 있는 죄의 권세와 본성으로부터 해방되지 않으면 어느덧 다시 죄의 노예로 사로잡혀 있는 우리 자신을 발견하게 된다.

우리 안에 뭔가 근원적인 문제가 있음을 느끼게 된다. 우리를 유혹하여 범죄토록 하는 어떤 힘, 즉 죄의 권세가 있음을 발견하게 된다. 그 힘이 우리 안에서 꿈틀거리면 우리는 죄를 범하게 된다. 이 죄를 용서받는다고 해도 곧 다시 범죄하게 된다. 유혹, 범죄, 그리고 용서의 악순환이다. 신앙심이 약한 사람만 겪는 고통이 아니다. 모두의 고통이다. 이를 잘 보여 주는 두 가지 경우를 성경에서 찾아보자.

믿음의 표상으로 불리는 다윗왕은 간음과 살인이라는 끔찍한 범죄를 저지른 후 내 죄가 항상 내 앞다고 절규했다(시편 51:3). 우리 신앙의 워너비인 사도 바울조차 "죄인 중에 내가 괴수"(디모데전서 1:15)라고 탄식했다.

인간은 얼마나 죄에 찌들어 있을까? 성경은 인간의 마음이 만물보다 더 거짓되고 썩었다고 말한다(예레미야 17:9). 하나님을 부인하는 사람들은 대부분 하나님에 대해서 생각하기를 꺼린다. 한발 더 나아가면 하나님을 적대시한다. 성경은 바로 이것이 죄의 증거라고 말한다. 죄를 지어서 죄인이 아니고, 죄인이기 때문에 하나님을 거부하는 것이다.

인간은 하나님과 소통하면서 살도록 창조되었다. 인간은 원래 영혼, 마음, 육체의 세 요소로 구성되어 있다. 그런데 죄가 들어옴으로써 하나님과의 소통 채널인 '영혼'이 죽은 상태가 되어 하나님과의 관계(소통)는 단절되고 마음과 육체만 살아 있는 것이다. 즉 인간은 영적으로 완전히 죽은 존재가 되었다. 하나님과 소통이 단절되어 인간은 자신에 대한 하나님의 사랑과 계획을 알 수도 없고 체험할 수도 없게 되었다.

나는 오랫동안 내가 원하는 것을 이루는 것이 행복이라고 믿어 왔다. 좋은 대학과 직장에 다니면서 안정된 삶을 사는 것. 그러나 그것들을 하나 둘 채워갈수록 오히려 내 안의 불안은 사라지지 않았다. 내가 이루어야 할 목표를 이뤘을 때조차, 나는 여전히 불안하고 만족스럽지 않았다. 왜냐하면 내 인생의 중심에 있는 '나'가 평안으로 가는 길목을 지키고 있었기 때문이다.

그런데 내가 붙잡고 있던 욕심과 교만, 두려움을 내려놓고 하나님께 내 삶을 온전히 맡기며 내 뜻이 아니라 하나님의 뜻을 따르기 시작했을 때, 나는 처음으로 마음 깊은 곳에서 진정한 평안을 경험했다.

이전에는 내가 원하는 대로 살아도 마음속에 채워지지 않는 허전함이 늘 남아 있었다. 하지만 내 자아를 내려놓고 성공에 대한 집착, 사람들의 인정에 대한 갈망, 미래에 대한 불안 같은 것들을 하나씩 하나님께 맡길 때마다 내 마음에는 설명할 수 없는 깊고도 풍성한 만족과 평안이 찾아왔다.

하나님을 외면한 모든 사람은 각자 자기가 생각하는 대로 살아간다. 죄 가운데서 삶의 목적과 방향을 상실한 채, 미래와 죽음에 대한 불안으로 고통받는 인생을 살고 있다. 인간은 선행, 철학, 종교, 예술, 수행 등을 통해 공허하고 불안한 인생을 극복하고자 애쓴다. 하지만 그것이 가능할까? 인간은 들에 피어 있는 한 포기의 잡초, 혹은 해만 뜨면 사라지는 아침 안개와 같다(베드로전서 1:24). 이 세상에서 그토록 땀 흘려 고생하며 구하는 명예, 돈, 지위, 건강, 쾌락, 권력 등 세상이 주는 영광은 풀의 꽃과 같아서, 오늘 피었다가 내일이면 소멸한다. 그리고 결국은 그 풀마저도 시들어 흔적도 없이 사라져 버린다.

인간은 죄의 삯인 죽음 앞에서 허무함을 탄식할 뿐이다. 뛰어난 지혜를 가지고 세상의 모든 부귀영화를 누렸던 솔로몬왕은 인생 말기에 "헛되고 헛되며 헛되고 헛되니 모든 것이 헛되도다"(전도서 1:2)라고 탄식했다. 세상이 주는 영광과 부귀영화는 우리의 욕망을 잠시 만족시킬 수 있을 뿐, 영혼의 갈증은 해소할 수 없다.

둘째 사망

성경은 두 종류의 사망을 언급한다. '첫째 사망'은 모든 사람이 경험하는 육체적 죽음이고, '둘째 사망'은 첫째 사망 이후 심판의 결과로 하나님으로부터 분리되는 영원한 형벌로서, 구원받지 못한 자들이 불과 유황으로 타는 못에서 경험하게 될 최종 상태를 일컫는다(요한계시록 20:14-15). '둘째 사망'은 영원한 생명인 '영생'에 대비되는 말로, 영원한 형벌을 뜻하는 '영벌'이라고도 부른다(마태복음 25:46).

사람의 육체적 죽음 후에는 심판이 있다(히브리서 9:27). 이 심판에서 모든 사람이 각자의 삶에 따라 다른 운명을 맞이한다. 요한복음 5장 29절은 사람이 죽은 후 맞이하게 될 부활과 최후의 심판에 대해 말한다. 선한 일을 한 사람들은 부활하여 생명을 얻고, 악한 일을 한 사람들은 부활하여 심판의 결과로 본질적인 죽음인 '둘째 사망'을 맞게 된다. 여기서 '선한 일'은 단순한 인간적 선행이 아니라, 하나님을 믿고 그분의 뜻을 따르는 삶을 의미한다. 반면 '악한 일'은 하나님을 거부하며 그분의 뜻에 불순종하는 삶이다.

성경은 우리가 하나님의 은혜로, 즉 하나님의 선물로 구원을 받는다는 것을 가르쳐 준다(에베소서 2:8-10). 이 구원은 우리가 어떤 착한 일을 해서 얻는 것이 아니라, 오직 예수님을 믿는 믿음을 통해 주어진다. 예수님은 우리의 죄 때문에 십자가에서 죽으셨다. 그분의 희생은 우리를 영원한 형벌인 '둘째 사망'에서 구원하기 위한 것이었다. 첫째 사망은 육체의 죽음이지만, 둘째 사망은 하나님과 영원히 분리되는 끔찍한 결과가 따른다. 그러나 예수님을 믿고 따르는 사람은 이 둘째 사망에서 벗어나 영원한 생명을 얻을 수 있게 되었다.

하나님이 액세서리로 전락하다

죄로 타락한 인간은 각자 자신이 만든 다양한 우상으로 하나님을 대신했다. 그들에게 하나님이란, 쇼윈도의 물건이나 삶의 구색을 갖추는 액세서리에 지나지 않는 존재다.

물질 만능주의가 현대 사회를 지배한다. 하나님보다는 물질적 성공과 즉각적인 만족을 통해 삶의 의미를 찾으려 한다. 물질적 풍요가 주는 일시적 만족은 영적 마취제가 되어 사람들이 영적 갈증을 느끼지 못하도록 철저하게 막는다.

현대 사회는 개인주의가 팽배해지고, 각자의 생각이 곧 진리라는 풍조가 널리 퍼지고 있다. 이는 인간이 스스로 삶의 주인이 되고자 하는 욕망에서 비롯된 것이다. 과거에는 진리가 보편적이고 누구나 동의할 수 있는 것이었다면, 이제는 개인과 상황에 따라 달라지는 상대적인 개념으로 변질되었다. "내가 옳다고 생각하면 그것이 진리다"라는 자유방임적 태도는 겉보기에는 포용적이고 개방적인 것 같지만, 결국 모든 진리를 상대화하고 절대적인 기준을 거부하는 혼돈을 초래한다. 이러한 경향은 우리가 하나님을 떠난 결과로, 사회 곳곳에서 도덕적 혼란과 가치관의 붕괴로 나타나고 있다. 결국, 절대적 진리를 잃어버린 사회는 방향성을 상실하고 혼돈 속에서 방황할 수밖에 없다.

현대인의 분주한 삶, 일상에서 쏟아지는 정보, 기술의 발전은 사람들이 내적 성찰을 할 여유를 빼앗았다. 그리하여 신비로운 자연 현상과 삶의 미스터리는 합리성과 이성이 답할 것이라 믿으며, 하나님이 더 이상 필요하지 않다고 주장하기에 이르렀다.

인간은 합리성과 이성을 총동원해 불안을 떨칠 방안을 찾으려고 노력한다. 그러나 인간의 합리성과 이성은 불안을 없애 주는 해결사가 아니라, 오히려 불안을 만들어내고 조장하는 데 큰 몫을 담당하고 있다. 고 하용조 목사님은 "인간의 합리성과 이성은 그럴듯하게 보이지만, 그것은 항상 인간을 불안하게 만든다. 그러나 믿음은 우리에게 확신을 가져다준다"라고 말씀하셨다. 합리성과 이성은 인간의 귀중한 속성이다. 하지만 아이러니하게도 인간의 불안은 합리성과 이성으로 인해 시작될 때가 많다. 끊임없는 분석, 의심, 확실성에 대한 탐색은 개인을 불안한 상태에 빠뜨릴 수 있다. 그 이유가 무엇일까?

우리가 구하는 평안은 합리성과 이성의 영역 밖에 존재하기 때문이다. 합리성과 이성의 영역 밖에 있는 해답을 합리성과 이성에 의지해 찾으려니까 못 찾는 것이다. 그리고 해답을 못 찾으니 더욱 불안해지는 것이다. 마치 석탄광산에 가서 금을 찾으려고 노력하는데, 아무리 땅을 파도 금이 안 보이니까 당황하고 불안한 것처럼 말이다.

하나님을 떠난 인간에게 불안은 친구처럼 늘 바짝 붙어 다닌다. 말초적 엔터테인먼트와 고도로 발달한 소비 문화는 일시적 만족과 쾌락을 제공하지만 불안과 공허감은 떠날 줄을 모른다. 불행을 막거나 행운을 불러오기 위해 몸에 지니는 부적처럼, 많은 사람들은 십자가 목걸이를 액세서리로 걸고 다닌다. 하나님이 한낱 장식용 액세서리로 전락해 버렸다.

이런 흐름 속에서 하나님을 향한 추구와 신앙은 종종 조롱의 대상이 되곤 한다. "지금이 어떤 시대인데 아직도 하나님을 믿느냐?"는 질문은 흔히 들을 수 있는 비아냥이다. 과거에는 신앙이 삶의 중심이었지만, 이제는 세속화된 가치관이 이를 대체하면서 신앙을 낡고 비합리적인 것으로 여기는 사람들이 늘어나고 있다. 하나님은 실종되고 인간이 스스로 삶의 주인이라고 주장하는 시대, 과연 우리의 삶이 더 평안해졌는가?

일그러진 현실에도 불구하고, 하나님을 향한 갈망은 여전히 사람들 안에 남아 있다. 하나님이 정말 존재한다면 찾아 만나고 싶어 하는 사람들도 늘어나고 있다.

십자가, 그리고 구원

하나님은 거룩하고 공의로우시며, 죄와 함께하실 수 없는 분이다. 따라서 인간의 어떤 죄도 무시하거나 지나칠 수 없다. 성경은 "죄의 삯은 사망"(로마서 6:23)이라고 선언한다.

죄를 지은 인간은 그 결과로 두 가지 죽음을 맞이하게 된다. 바로 '육체적인 죽음'과 하나님과의 관계가 끊어지는 '영적인 죽음'이다. 사랑이 많으신 하나님은 인간이 끔찍한 영적인 죽음을 피할 수 있도록 구원의 길을 마련해 주셨다. 그런데 이 구원을 이루기 위해서는 인간이 지은 죄를 대신해 벌을 받을 수 있는 존재, 즉 '대속물'이 필요했다. 여기서 대속물이란, 누군가의 죄에 대한 형벌을 대신 감당해 주는 희생물을 의미한다. 마치 누군가가 빚을 갚지 못할 때, 다른 사람이 대신 그 빚을 갚아 주는 것과 비슷하다. 죄가 없는 완전히 거룩한 존재만이 사람들의 죄를 대신할 수 있는 대속물이 될 수 있다. 이 세상에는 그런 완전한 존재가 없다. 결국 하나님께서 직접 인간의 몸으로 이 땅에 오셔서, 우리를 위해 그 대속물이 되어 주셨다. 그분이 바로 예수 그리스도시다.

종교는 인간이 신에게 다가가려는 시도이지만, 기독교는 하나님께서 인간에게 다가오신 신앙 체계다. 하나님께서 인간의 죄를 해결하기 위해 직접 인간의 몸으로 이 세상에 오셨다. 이른바 '성육신'이다. 예수님이 바로 성육신하신 하나님이다. 즉 예수님은 완전한 하나님이자 동시에 완전한 인간이다. 무한하신 하나님께서 제한된 인간의 몸으로 오셔서 죄로 인해 멀어진 인간을 구원하기 위해 스스로 낮아지신 것이다.

이처럼 성육신은 인간 구속을 이루기 위한 하나님의 계획의 핵심이며, 구원의 시작점이자 하나님과 인간의 관계를 회복시키는 결정적인 사건이다. 이는 하나님이 인간의 삶과 고난을 직접 경험하시고 이해하셨음을 보여 주는 것이다. 이로 인해 예수님은 인간의 고통과 한계를 이해하실 수 있었으며, 동시에 완전한 구속자로서의 역할을 수행하실 수 있었다.

영적 피뢰침이 되신 십자가의 예수님

하나님은 멀리 계신 분이 아니라, 인간을 완전히 이해하고 공감하시는 분이다(히브리서 2:17-18). 하나님이 인간으로 오셔서 십자가에서 죽으신 사건은 인간을 향한 하나님의 사랑이 얼마나 크고 놀라운지 보여 준다. 성경은 "하나님이 세상을 이처럼 사랑하사 독생자를 주셨으니 이는 그(예수)를 믿는 자마다 멸망하지 않고 영생을 얻게 하려 하심이라"(요한복음 3:16)라고 말하고 있다. 죄에 젖은 자연인 인간은 그냥 놓아두면 스스로 멸망하게 되어 있다. 그런데 누구든지 예수님을 믿으면 멸망하지 않고 구원받고 영원한 생명을 얻는다.

 이를 이루기 위해 예수님은 말할 수 없는 고난을 당하시고 십자가에 못 박혀 죽으심으로 우리의 죗값을 대신 치르시고 우리에게 구원과 영생을 주셨다(베드로전서

3:18, 로마서 5:10). 예수님의 십자가는 우리가 하나님과 화목할 수 있는 유일한 길이다.

우리의 죄를 담당하고 죽으신 예수님은 우리의 영적 피뢰침이다. 비가 많이 오는 날에는 종종 으르렁거리는 천둥소리와 함께 번쩍하며 번개가 치기도 하고 벼락도 떨어진다. 하늘에서 수만 볼트의 전기가 땅으로 내려와 높이 세워져 있는 물체에 떨어진다. 이때 벼락으로부터 보호하기 위해 만들어진 것이 높은 곳에 설치된 피뢰침이다.

피뢰침은 보통 건물 맨 꼭대기에 설치되어 있다. 끝이 뾰족한 금속 막대기를 건물의 가장 높은 곳에 세워 벼락을 받도록 한다. 피뢰침은 엄청나게 강한 전류의 벼락을 '자기 몸을 통해' 지나가도록 해 땅속으로 흘려보냄으로 건물과 안에 있는 사람을 보호한다. 피뢰침과 마찬가지로 예수님은 우리의 죄로 인한 하나님의 진노로부터 우리를 보호하는 영적 피뢰침이다.

하나님의 진노는 벼락처럼 골고다 언덕 높은 곳에 세워진 십자가에 못 박힌 예수님께로 떨어졌다. 예수님은 우리의 죄를 대신해 죽으심으로 하나님의 진노를 온 몸으로 받아들이셨다. 그 결과 우리는 하나님의 진노로부터 구원받게 된 것이다. 우리를 영원한 멸망으로부터 구원하는 결정적인 순간이었다. 피뢰침이 벼락으로부터 우리를 보호하듯, 십자가의 예수님은 죄로부터 우리를 보호하신다.

피뢰침이 건물의 안전을 위해 필수적인 것처럼, 예수님은 우리의 구원을 위해 필수적이다. 밖에서는 섬뜩한 번개가 치지만 피뢰침이 있는 건물 안은 고요하고 평온하다. 마찬가지로 영적인 피뢰침 되신 예수님 안에 있는 우리는 수십만 볼트와 같은 죄의 저주와 심판에도 불구하고 요동하지 않고 평안을 누릴 수 있다.

구원은 마일리지로 얻는 어워드가 아니다

영적 피뢰침 되신 예수님은 우리가 구원받을 수 있는 완벽한 환경을 만들어 놓으셨다. 성경은 예수님을 믿으면 구원받아 영원한 생명을 얻는다고 약속한다. 그러나 많은 사람들이 예수님을 믿으려 하지 않는다. 구원과 영생을 얻는 방법이 너무 쉬워 보이기 때문일까? 그냥 예수님만 믿으면 된다고 하니까 말이다. 하지만 바로 이 지점이

야말로 인간이 가진 치명적인 문제점을 드러낸다.

하나님이 은혜로 거저 주시는 구원에 대해 많은 오해가 있다. 엄청난 가치가 있는 것을 얻기 위해서는 많은 노력 혹은 대가를 치러야 하는 것이 세상적 상식이다. 인간의 구원은 엄청난 가치가 있다. 따라서 구원을 받기 위해서는 많은 선행과 봉사, 교회에서의 직분과 적극적인 종교 행사 참여, 많은 헌금 등이 선행되어야 한다고 생각한다. 즉 하나님의 은혜가 아니라, 내가 쌓아올린 업적으로 구원에 이르고자 하는 것이다. 신앙이 아닌 인본적인 종교에서 하듯.

여행을 하여 항공 마일리지가 많이 쌓이면 새 항공권을 얻거나 좌석을 업그레이드할 수 있다. 또 신용카드 포인트가 많이 쌓이면 포상을 받을 수 있다. 이러한 세상 시스템에 익숙해 있는 우리는 내 노력과 행위에 의한 마일리지나 포인트를 쌓아야 구원에 이를 수 있다고 생각하는 경우가 많다. 나의 행위로 하나님을 감동시켜 복을 받겠다는 이러한 생각은 무속 신앙이나 타 종교에서 볼 수 있는 기복 신앙에 오염된 결과다.

구원은 이 땅에서 쌓은 마일리지나 포인트로 얻어지

는 것이 아니다. 성경은 인간의 어떠한 선행이나 희생으로도 구원과 영생에 이를 수 없다고 말한다. 역설적이지만 구원과 영생은 인간의 행위로 얻을 수 있는 그런 값싼 것이 아니다. 오직 하나님의 은혜로만 얻을 수 있는 것이다. 인간 자신의 행위나 노력으로는 하나님을 알 수도, 죄를 씻을 수도, 구원을 얻을 수도 없다. 그런데 하나님이 구원을 "값없는 은혜"로 주시겠다고 하니까 마음이 불편하고 믿을 수가 없는 것이다. 세상 이치와 정반대이니까. 구원에 이르는 길이 너무 쉬워서 믿기 어렵다는 것이다.

구원을 베푸시는 하나님께서 단절된 관계에 있던 우리를 자녀로 받아 주는 전제 조건으로 우리에게 어려운 것을 요구하실까? 예를 들어, 자식과 아버지가 어릴 때 헤어져 몇 해가 지난 후 만났다고 상상해 보자. 그 자녀가 그 아버지의 자식이 되기 위해서 착한 일을 많이 해야 하고 힘겨운 것을 많이 해야 할까? 아니다. 왜 아닐까? 아버지와 자식은 '생명 관계'로 이어져 있기 때문이다.

이제 구원을 얻기 위해 우리가 해야 할 일이 너무 쉬워졌다. 예수 그리스도를 나의 구주, 나의 하나님으로 맞아들이면('영접'이라고도 한다) 우리는 그분의 자녀가 되고, 우리에 대한 하나님의 엄청나고 놀라운 사랑을 알게 되며, 또 그것을 체험하게 된다. "그(하나님)를 맞아들인 사람들, 곧 그 이름을 믿는 사람들에게는, 하나님의 자녀가 되는 특권을 주셨다"(요한복음 1:12, 새번역). 죄로 인하여 심판받을 수밖에 없는 우리가 '하나님의 자녀'가 되어 영원한 생명을 얻고 풍성한 삶을 살게 되는 것이다(요한복음 10:10).

그러면 왜 대부분의 사람들이 영생이 있음을 알지 못하고, 또 여기서 비롯된 풍성한 삶을 누리지 못할까? 구원과 영생을 약속하신 하나님에 대한 믿음이 없기 때문이다. 비유컨대 자녀가 아버지가 아니라고 자꾸 피하고 아버지의 지원이나 도움을 거부하면 아버지가 자녀를 위해 뭘 하고 싶어도 할 수가 없다. 그러나 일단 아버지라고 인정하기만 하면 모든 것을 후하게 받을 것이다. 똑같은 이치다.

부활

예수님의 부활은 기독교 신앙의 핵심이고 놀라운 사건이다. 예수님은 죄가 없으신 분이다. 그분은 하나님의 아들이자 완전한 인간으로 이 땅에 오셨다. 하나님의 뜻을 이루는 데 헌신하셨다. 예수님은 죄가 없으심에도 불구하고 우리의 죄를 짊어지시고 대신하여 십자가에서 죽으셨다. 그러나 죽음은 죄가 없으신 예수님을 붙들어 둘 수 없었다. 예수님은 사흘 만에 죽음을 이기시고 부활하심으로써 죄와 사망의 권세를 깨뜨리셨다.

예수님의 부활은 단순한 기적이 아니다. 그것은 죄와 죽음의 권세를 깨뜨리고 하나님의 계획이 완성되었음을 알리는 사건이었다. 부활을 통해 예수님은 우리의 구원자가 되셨으며, 우리가 죄와 사망으로부터 자유로워질 수 있음을 보여 주셨다.

사도 바울은 그리스도께서 우리 죄를 위하여 죽으시고 장사되셨다가 성경대로 사흘 만에 다시 살아나셨다고 기록했다(고린도전서 15:3-4). 또한 예수님은 부활 후 수많은 사람들에게 나타나셨다. 제자들뿐 아니라 500명이 넘는 사람들이 부활하신 예수님을 직접 보았다(고린도전서 15:6). 이는 단지 믿음의 이야기로 남은 것이 아니라, 역사적이고 실질적인 증거로 기록되었다.

이 부활은 초자연적 기적 이상의 의미를 지닌다. 인류가 스스로 해결할 수 없었던 죄의 문제와 죽음의 두려움에 대하여 하나님이 준비하신 구원의 길을 보여 주기 때문이다. 또한 그것은 구약의 예언들이 성취되었음을 증명하는 역사적 순간이기도 하다. 그러므로 예수님의 부활은 기독교 신앙이 공허한 이상이나 교리적 주장에 머무는 것이 아니라, 구체적이고 실제적인 사건에 뿌리를 두고 있음을 드러낸다.

부활의 의미는 단지 과거 어느 시점에서 일어난 사

건으로 끝나지 않는다. 부활이 지닌 힘은 과거, 현재, 그리고 미래를 관통하며, 우리에게 생생한 소망을 선사한다. 예수님의 부활은 궁극적인 미래에 대한 약속이기도 하다. 인간은 누구나 죽음을 맞이하지만, 예수님을 믿는 자들에게는 죽음이 끝이 아니라 영원한 삶으로 나아가는 관문이 된다.

여기서, 예수님의 부활 전과 후에 제자들이 어떻게 변했는지 한번 살펴보자. 예수님이 십자가에서 죽음을 맞이하시던 순간, 제자들은 깊은 절망과 두려움 속에 빠져 있었다. 그들은 예수님이 메시아로 오셨다고 믿었지만, 로마의 권력에 의해 처참히 죽음을 당하시는 모습을 직접 목격하고 큰 충격을 받았다. 어떤 제자는 끝까지 지켜보지 못하고 도망쳤으며, 베드로는 예수님을 세 번이나 부인하기까지 했다. 이들은 스승을 잃어버린 슬픔뿐 아니라, 자신들도 처형당할지 모른다는 두려움에 사로잡혀 숨어 지냈다. 그들은 예수님이 처형 전에 말씀하셨던 부활의 의미를 이해하지 못하고 있었다.

그런데 사흘 뒤, 예수님이 부활하셨다는 소식이 전해지면서 상황이 급격히 바뀌었다. 부활하신 예수님이 직접 제자들 앞에 나타나시자, 두려움은 기쁨과 경이로 바뀌었다. 의심했던 도마조차 예수님의 상처를 직접 확인하고 "나의 주, 나의 하나님"이라고 고백했다. 제자들은 자신들이 믿었던 진리가 죽음의 권세를 이겼다는 사실에 새롭게 눈을 떴고, 더 이상 숨지 않았다. 오순절 성령 강림 이후에는 담대한 설교와 희생적인 사랑으로 예수님의 복음을 전하기 시작했다. 부활의 사건은 그들의 절망을 소망으로, 두려움을 용기로 변화시켰고, 그들은 온 세상을 향해 복음을 전하는 길을 걸어가기 시작했다.

예수님께서 부활하신 것처럼, 믿는 이들도 마침내 부활의 생명에 참여하게 된다는 소망을 품을 수 있다. 이는 현실의 고난과 역경 앞에서도 낙심하지 않고 견뎌낼 수 있는 이유를 제공한다. 지금 누리는 삶이 전부가 아니라는 사실, 그리고 죽음을 넘어서는 영원한 생명이 우리에게 이미 약속되었다는 믿음은 일상의 작은 순간부터 인생 전체까지 헤아릴 수 없는 가치를 제공한다. 따라서 예수님의 부활은 단순히 옛날 이야기가 아니라, 오늘을 살아가는 우리에게 죄와 죽음의 두려움을 넘어서는 자유와 기쁨을 안겨 주는 가장 소중한 진리이며, 미래에 대한 확고한 희망의 기초가 된다.

십자가 사건, 하나님의 지혜

죄의 늪에 빠진 인간의 모습은 비참하다. 죄책감과 절망감에 사로잡혀 스스로의 힘으로 구원받으려는 헛된 노력만 반복한다. 결국 죄와 사망의 늪에 완전히 함몰되어 빛과 희망을 잃어버린 채 어둠 속에서 헤맨다. 죄로 부패하고 타락한 우리 안에는 노력하거나 개선해도 쓸 만한 것이 없다. 죄의 권세로부터 해방되기 위한 어떠한 인간적인 노력도 실패하고 만다. 죄의 권세에 억눌려 살아가는 옛사람은 구제 불능이다. 그러면 어떻게 해야 할까?

답은 간단하다. 내가 죄에 대해 죽으면 된다! "그리스도로 말미암아 세상이 나를 대하여 십자가에 못 박히고 내가 또한 세상을 대하여 그러하니라"(갈라디아서 6:14). 하나님은 우리의 옛 자아를 예수님과 함께 십자가에 못 박아 죽게 하심으로써, 더 이상 죄가 우리를 지배하지 못하게 하여 죄의 문제를 근본적으로 해결하셨다. 십자가에서 우리를 예수님과 함께 죽게 하신 것은 상상을 초월하는 완벽한 하나님의 지혜다.

인간은 아무리 노력하고 몸부림쳐도 스스로 죄에서 벗어날 수 없다. 인간의 문제를 근본적으로 해결하는 방법은 우리의 옛 자아를 제거하고 새로운 피조물로 거듭나게 하는 것이다. 하나님은 이 방법을 선택하셨다. "우리가 알거니와 우리의 옛 사람이 예수와 함께 십자가에 못 박힌 것은 죄의 몸이 죽어 다시는 우리가 죄에게 종노릇 하지 아니하려 함이니"(로마서 6:6). 하나님은 우리의 옛 사람을 예수님과 함께 십자가에 못 박음으로써 죄의 뿌리를 제거하셨다. 인간의 지혜로는 생각할 수 없는 방법이다.

예수님이 골고다 언덕의 십자가에 매달려 살이 찢기고 손발에 못이 박혀 처참하게 죽으셨을 때 무슨 일이 일어난 것일까? 죄로 인해 고통받으며 신음하고 있는 인류를 구속하기 위한 하나님의 프로젝트가 클라이막스를 향해 치닫고 있는 것이다. 예수님과 함께 죄에 찌든 우리의 옛사람을 십자가에서 못 박는 것이다. 사도 바울이 기독교 신앙의 기본에 대해 언급한 "내가 그리스도와 함께 십자가에 못 박혔나니 그런즉 이제는 내가 사는 것이 아니요 오직 내 안에 그리스도께서 사시는 것이라"(갈라디아서 2:20)의 전반부가 이루어지고 있는 것이다.

영적인 의미에서, 예수님이 십자가에 못 박히실 때 우리도 함께 죽었다. 하나님 말씀 전파에 일생을 바친 에이든 토저Aiden Tozer 목사는 예수님의 십자가 처형을 언급할 때 "나도 이미 2,000년 전에 골고다 언덕에 올라갔었다"라고 말했다. 이는 예수님께서 십자가에서 죽으실 때 그도 함께 죽었다는 것을 의미한다.

그런데 나는 십자가에서 죽은 것을 느끼지 못하겠다고 질문할 수 있다. 그럴 수 있다. 하지만 나의 감정에 관계없이, 예수님이 십자가에서 죽으신 사건이 확실한 역사적 사실이라는 것은 믿는가? 그렇다면 예수님의 죽음이 확실한 만큼이나 우리의 죽음도 확실한 것이다. 우리가 그리스도와 연합하여 십자가에서 함께 죽었다는 사실, 그리고 그리스도와 함께 부활에 동참했다는 사실을 받아들이는 것이 참된 신앙의 출발점이다.

십자가가 하나님의 지혜인 줄을 모르는 사람은 십자가를 과소평가하거나 부담스러워한다. 하지만 죄로부터 해방되는 길은 십자가뿐이다. 십자가가 없으면 죄로부터의 진정한 자유가 없다. 갈라디아서 6장 14절에 나오는 사도 바울의 고백, "내게는 우리 주 예수 그리스도의 십자가 외에 결코 자랑할 것이 없으니 그리스도로 말미암아 세상이 나를 대하여 십자가에 못 박히고 내가 또한 세상을 대하여 그러하니라"와 같이 죄로부터의 해방은 그것을 이기려는 노력에 있지 않고 단순히 그것에 대해 죽는 데 있다. 죄의 권세로부터 자유로워지는 길은 십자가뿐이다. 십자가가 없으면 죄로부터의 진정한 해방도 없다. 십자가가 하나님의 지혜다.

두 아담 이야기: 타락과 구원

성경은 첫 사람 아담이 산 영이 되었다 함과 같이, 마지막 아담은 생명을 주시는 영이 되셨다고 선언한다(고린도전서 15:45). '첫 아담'은 하나님이 창조하신 최초의 인간 아담을 가리킨다. 그의 범죄로 인해 인류에게 저주와 사망이 들어왔다. 반면 '마지막 아담'은 예수 그리스도를 가리키며, 죄와 사망을 이기고 믿는 자들에게 영원한 생명과 의를 가져오신 분으로 기록한다.

아담은 인류를 대표한다

성경에서 '아담'은 첫 인류의 이름이다. 동시에 '아담'은 어떤 행위로 인해 발생하는 결과 혹은 효과가 세대를 넘어 모든 인류에 동일하게 미친다는 대표성의 의미로도 사용된다. 첫 아담과 마지막 아담인 예수 그리스도가 이에 해당된다.

첫 아담은 하나님의 형상으로 창조된 첫 사람이다. 첫 사람 아담은 인류의 대표로서 죄의 길을 열었다. 그 결과 모든 사람이 죄 가운데 있게 되었다. 우리가 죄인인 것은 우리 자신 때문이 아니라 첫 아담 때문이다. 즉 우리가 언젠가 범죄했기 때문에 죄인이 된 것이 아니라, 아담이 범죄할 때 우리가 영적으로 그 안에 함께 있었기 때문에 죄인이 된 것이다.

로마서 5장 12절 말씀은 이를 잘 설명해 주고 있다. "한 사람(아담)으로 말미암아 죄가 세상에 들어오고 죄로 말미암아 사망이 들어왔나니 이와 같이 모든 사람이 죄를 지었으므로 사망이 모든 사람에게 이르렀느니라." 이처럼 첫 아담의 죄로 인해 모든 인류가 정죄 받게 되었다. 그리고 죄로 말미암아 모든 인간이 사망에 이르게 되었다.

예수, 구원을 이룬 마지막 아담

로마서 5장 19절 말씀 "한 사람이 순종하지 아니함으로 많은 사람이 죄인 된 것같이 한 사람이 순종하심으로 많은 사람이 의인이 되리라"는 아담에 관해서뿐 아니라 예수 그리스도에 의한 구원에 대해 말하고 있다.

'마지막 아담'인 예수님은 '첫 아담'이 저지른 잘못으로 인한 죄 문제를 해결하실 목적으로 이 땅에 오셨다. 첫 아담의 불순종으로 말미암아 이 세상 모든 사람에게 죄와 사망이 들어왔다. 반면 마지막 아담인 예수님께서 하나님의 뜻대로 순종하심으로 영원한 생명의 선물을 우리에게 주셨다. 이것이 어떻게 가능했을까?

고린도전서 15장 45절에서 언급한 바와 같이 '마지막 아담' 되신 예수 그리스도께서 십자가에서 죽으셨을 때와 부활하셨을 때, 우리는 예수님과 연합하여 함께 죽고 또 함께 부활한 것이다. 첫 아담의 범죄로 말미암아 모든 사람이 정죄 받아 사망에 이르게 되었는데, 예수님으로 말미암아 대반전이 일어난 것이다.

로마서 5장 18절은 아담 한 사람의 죄로 모든 사람이 정죄를 받았는데, 이제는 그리스도 한 사람의 의로운 행위 때문에 모든 사람이 의롭다는 인정을 받아서 생명을 얻게 되었다고 말하며, 마지막 아담이신 예수 그리스도의 십자가 죽음이 인류를 죄에서 구속했다고 선언하고 있다. 예수님의 죽음과 부활을 통해 첫 아담의 죄의 결과를 역전시킨 것이다. '마지막 아담'이라는 말은 예수님이 인류를 위한 하나님 계획의 마지막이자 완전한 성취임을 상기시켜 준다.

십자가는 하나님의 능력이다

이성적인 사람들은 종종 십자가를 미련하고 어리석은 것으로 폄하한다. "십자가의 도가 멸망하는 자들에게는 미련한 것이요 구원을 받는 우리에게는 하나님의 능력이라"(고린도전서 1:18). 이처럼 예수님을 구주라 믿지 않는 자들에게 언뜻 이 죽음은 허망하고 어리석은 것으로 보일 수 있다.

그러나 예수님은 십자가에서 죽은 지 사흘 만에 죽은 자 가운데서 부활하셨다. 십자가가 일견 무력하게 보였지만 하나님이 예수님을 죽음에서 살리시고 우리를 살리신 것이다. 이 세상에서 아무리 고상하고 위대해 보이는 능력이라 해도 인간을 구원할 수는 없다. 그러나 때로 사람들에게 어리석고 미련해 보일지라도, 오직 하나님의 능력만이 인간을 구원할 수 있다. 그래서 십자가는 역설적으로 하나님의 능력이다. 죄인들을 구원하려는 예수님을 제거하기 위한 사탄의 계략이 잠시 성공하는 듯 보였지만 실패로 끝난 것이다.

하나님의 지혜는 인간의 합리성과 이성을 초월한다. 우리의 제한된 이성으로는 시간과 공간을 포함한 천지를 창조하신 하나님의 능력을 온전히 이해할 수 없다. 신앙이란 이성이나 과학적 사고에 기초하는 것이 아니라, 하나님의 말씀을 믿는 믿음 위에 세워지는 것이다.

신앙은 이성으로 설명할 수 없는 세계를 우리에게 보여 준다. 프랑스의 수학자 파스칼은 "신앙은 인간의 이성을 십자가에 못 박는 것이다"라고 말했다. 그는 신앙이란 본질적으로 영적인 것이며, 이성을 통해 신앙을 이해하려는 시도는 무의미하다고 말했다. 이는 신앙이 논리를 거부한다는 뜻이 아니라, 인간의 이성이 하나님의 깊은 섭리를 완전히 포착할 수 없음을 의미하는 것이다. 하나님의 계획은 우리가 다 이해할 수 없어도 선하고 완전하다. 따라서 신앙은 논리적 증명에 의존하는 것이 아니라, 하나님의 말씀을 신뢰하는 데에서 시작된다.

하나님 나라와 생명

"생명은 무엇인가?"라고 자문해 본 적이 있는가? 사람들은 오랫동안 이 질문을 해왔다. 생명은 매우 심오하면서도 복잡하고 모호한 개념이다. 그래서 옛날부터 철학적 탐구, 과학적 조사, 신앙적 성찰의 대상이 되어 왔다. 기독교 관점에서는 '생명'을 크게 두 차원으로 바라본다. 그리스어에서 유래된 단어로, 하나는 생물학적 생명인 '바이오스Bios'이고, 또 다른 하나는 영적인 생명인 '조에Zoe'다.

바이오스는 우리의 일상에서 경험하는 자연적이고 생물학적인 생명을 의미한다. 이는 성장, 번식, 출생과 죽음의 주기를 포함한다. 바이오스는 본질적으로 소모적이고 쇠퇴하는 성질을 가지고 있으므로 물, 음식, 영양분과 같은 외적 자원에 의존해 유지된다. 바이오스는 현재의 육체적 삶으로, 시간이 지나면서 점차 소멸한다.

반면에 조에는 하나님의 은혜로 주어지는 영적 생명, 곧 영원하고 본질적인 생명을 뜻한다. 이 생명은 하나님과의 연합 속에서 유지되는 것이다. 하지만 인간이 죄를 지음으로 하나님과의 관계가 끊어지면서 생명은 파괴되었고, 결국 죽음이 세상에 들어왔다(창세기 3장).

조에는 육체적 죽음이나 현세적 한계를 초월하는 본질을 가지며, 우리가 믿음으로 거듭날 때 경험하게 되는 새로운 생명이다. 바이오스는 시간에 지배되어 결국 한계에 이르지만, 조에는 영원한 차원에서 생명을 바라보게 한다.

예수님께서 요한복음 14장 6절에서 "내가 곧 길이요 진리요 생명"이라고 선언하셨을 때 언급하신 생명이 바로 '조에'다. 조에는 하나님과 함께하는 영원한 생명이다. 기독교의 관점에서 생명은 단순히 육체적 존재로 그치는 것이 아니라, 영적 생명까지 포함하는 다면적인 본질을 가진다.

바이오스는 우리가 이 땅에서 살아가는 생명이고, 조에는 믿음의 시점에서 싹이 터서 자라나 다음 세상에서 온전히 누리게 될 영원한 생명이다. 따라서 우리는 우리의 삶이 단순히 바이오스에만 머무는 것이 아니라, 조에라는 더 큰 그림 안에 속해 있음을 기억해야 한다.

모든 동물은 생명을 가지고 있다. 그 생명이 각 동물의 고유한 특징을 만들어낸다. 예를 들어, 물고기가 바닷속을 자유로이 헤엄쳐 다니는 것은 물고기의 생명 때문이다. 새가 하늘을 날아오르는 능력은 학습된 것이 아니라 새의 생명 속성에서 비롯된 것이다. 이처럼 각 동물의 생명은 그들의 본질적 특성을 결정한다. 사람도 마찬가지다.

부모로부터 육체적 생명(바이오스)을 가지고 태어난 인간은 매일 생활하는 공간, 혹은 인지할 수 있는 공간만 존재한다고 말할 것이다.

다시 태어나야 한다고?

예수님 당시 니고데모라는 사람이 있었다. 당대 유대 지도층의 일원이자 율법에 정통한 바리새인이었다. 그는 당시 율법주의자들이 그렇듯, 율법을 잘 알고 실천하고 있다고 자부했을 뿐 아니라, 자신의 노력과 행위로 구원이나 영적 성장을 성취할 수 있다고 생각했을 것이다.

그는 평소 예수님의 기적과 가르침을 보면서 보통 인물이 아니라고 느껴 예수님을 직접 찾아온 것으로 보인다. 그는 예수님을 하나님께로부터 온 선생님으로 여기고 예수님에게 더 높은 차원의 가르침을 배우길 원했다. 하지만 예수님은 니고데모가 기대했을 법한 '어떻게 기적을 행하는지' 혹은 '율법적·신학적 논쟁'에 대한 답변 대신 기존 상식으로 이해할 수 없는 말을 하셨다. "사람이 거듭나지 아니하면 하나님의 나라를 볼 수 없느니라"(요한복음 3:3).

율법에 정통한 니고데모였지만 이런 말은 들어 본 적이 없었다. 그는 많이 당황해하며 "사람이 늙었는데 어떻게 어머니 배 속에 다시 들어갔다가 태어날 수 있습니까?"라고 되물었다. 그러나 예수님이 말씀하신 "사람이 다시 태어나야 한다"는 것은 행동의 개선이 아니라 하나님의 생명으로 다시 태어나야 한다는 뜻이었다. 당대 유대인의 종교적 열심과 지식이 아무리 뛰어나도 '성령의 역사'를 통한 거듭남이 없이는 참된 하나님 나라를 누릴 수 없다고 선언하신 것이다.

니고데모는 바이오스적 생명을 생각했고, 예수님은 조에적 생명을 말씀하셨다. 니고데모는 율법을 철저히 연구하고 지켰던 자로서 인간적인 노력을 통한 의에 익숙했지만, 예수님은 '하나님이 행하시는 영적 역사'를 통해서만 하나님 나라에 들어갈 수 있다고 선언하셨다.

'하나님 나라'는 '천국'을 가리킨다. 하나님 나라는 부모로부터 받은 육체적 생명(바이오스)으로는 알 수가 없고, 하나님의 생명(조에)으로 다시 태어난 사람이라야 알 수 있다. 행동 개선의 문제가 아니라 하나님의 생명으로 다시 태어나야 하나님의 나라를 볼 수 있는 것이다.

우리가 믿음으로 구원을 받고 '영원한 생명'(조에)을 가지게 되는 것을 '거듭난다'(영어로는 'Born Again')라고 말한다. 구원을 받아 거듭난 사람은 부모로부터 받은 생물학적 바이오스에 더해 영적으로 하나님의 조에도 가지게 된다. 영원한 생명은 단순히 시간이 끝나지 않는 삶을 의미하는 것이 아니라, 하나님의 생명을 뜻한다. 구원받은 사람과 하나님이 생명 관계를 맺게 되는 것이다.

우리는 모두 자신의 죄로 인하여 죽을 수밖에 없지만, 십자가에서 흘린 예수님의 보혈로 죄 사함을 받아 구원을 얻음으로 하나님의 생명을 가지게 되어 하나님의 자녀가 될 뿐 아니라 천국에서 영원히 사는 것이다.

물고기와 새의 생명을 생각해 보자. 깊은 바다에 사는 물고기는 하늘을 알지 못하고, 공중을 나는 새는 깊은 바다를 알지 못한다. 물고기는 하늘을 알지 못하기 때문에 하늘이 존재하지 않는다고 생각하는 반면, 하늘 높이 날아다니는 새는 깊은 바다에 대해서 모르니 그런 것은 없다고 할 것이다. 즉 물고기의 '생명'을 가진 물고기는 바다만 알며, 새의 '생명'을 가진 새는 하늘만 존재한다고 말할 것이다.

마찬가지로 우리가 하나님의 생명을 가지게 되면 비로소 하나님 나라, 즉 천국을 '알게' 된다. 하지만 거듭나지 않은 사람, 즉 하나님의 생명으로 거듭나지 않은 사람은, 마치 물고기가 하늘은 없다고 생각하는 것처럼, 천국을 알 수 없기 때문에 천국이 없다고 말할 것이다.

우리가 하나님의 자녀가 되었다

달걀에는 크게 두 종류가 있다. 하나는 암탉과 수탉이 교미해서 생긴 '유정란'이고, 다른 하나는 교미 없이 암탉 혼자 낳은 '무정란'이다. 겉으로 보기에는 전혀 구별이 되지 않는다. 하지만 유정란은 생명이 있기 때문에, 어미 닭이 21일 동안 품으면 귀여운 병아리가 껍질을 깨고 태어난다. 반면 무정란은 어미 닭이 21일 동안 품어도 그냥 썩어 버린다. 그 안에 생명이 없기 때문이다.

여성이 생명을 잉태하면 몸과 마음에 변화가 생긴다. 흔히 메스꺼움과 구토가 일어나고 피부가 늘어나며 얼굴에 색소 침착이 생기기도 한다. 심리적으로는 생명을 잉태했다는 사실이 설렘과 기대감을 가져오며 태아와의 유대감이 점점 깊어진다. 생명은 강하고 스스로 자라나는 힘을 가지고 있다. 잉태 후 일정 시간이 지나면 임산부의 배가 불러오는 것을 막을 수 없듯이, 생명은 어떤 방해가 있어도 자라게 되어 있다.

하나님의 생명이 인간에게 들어오면 유정란이나 임산부처럼 반드시 변하게 되어 있다. 처음에는 하나님의 생명이 인간에 들어와도 아무런 표시가 나지 않는다. 하지만 시간이 지나면서 변하기 시작한다. 만일 시간이 경과해도 아무 변화가 없다면, 달걀 무정란처럼 하나님의 생명이 들어오지 않은 것이다.

거듭남은 단순한 도덕적 개선이 아니라, 본질적이고 근본적인 영적 변화를 가져온다. 이는 내적 변화로서, 거듭난 사람은 성령이 그 안에 거하신다(로마서 8:9). 성령은 하나님의 영으로, 예수님을 믿는 자에게 임하여 진리를 깨닫게 하고 새로운 존재로 변화시켜 하나님과의 관계 안에서 새로운 삶을 살도록 한다. 이 변화는 내적, 외적 모든 영역에 영향을 미치며, 영원한 생명과 영광을 바라보는 소망을 제공한다. 성령이 거하는 사람은 '하나님의 자녀'라는 새로운 정체성을 가지게 된다. 요한복음 1장 12절은 "영접하는 자 곧 그 이름을 믿는 자들에게는 하나님의 자녀가 되는 권세를" 주셨다고 말한다. 고린도후서 5장 17절은 "누구든지 그리스도 안에 있으면 새로운 피조물"이 되어 옛 삶의 방식과 죄의 지배로부터 해방되어 새로운 시작을 한다고 말한다.

거듭난다는 것은 단순한 변화가 아니라, 하나님으로부터 새로운 삶의 본질을 받는 것을 의미한다. 천국에서의 삶은 이 세상의 삶과는 본질적으로 다르게 슬픔, 가난, 질병, 고통, 눈물 등이 없이 오직 희락, 사랑, 화평을 누리며 영원히 사는 것이다. 진실로 예수를 믿는 사람은 이 땅에서도 천국의 삶을 누린다. 현세의 외적인 상황이 어떠하더라도 그들의 삶에는 세상이 줄 수 없는 평안이 가득하다.

믿음이란 무엇인가?

신약성경은 헬라어로 기록되었다. 한국어 성경에서 '믿음'으로 번역된 헬라어 원어는 '피스티스'다. 피스티스는 단순히 어떤 사실을 믿는 것을 넘어, 보이지 않는 것에 대한 확신과 하나님의 약속에 대한 신뢰를 의미한다. 또한 헌신과 순종의 개념까지 포함하고 있어 단순한 지적 동의 이상의 깊은 신앙적 의미를 담고 있다.

믿음, 보이지 않는 것을 보는 능력

히브리서 11장 1절은 믿음을 "바라는 것들의 실상이요 보이지 않는 것들의 증거"라고 정의한다. 믿음은 보이지 않는 하나님의 약속을 현실로 받아들이는 것이다. 단순히 보이는 증거에 의존하지 않고, 우리가 기대하고 신뢰하는 바가 이미 실현된 것처럼 행동하고 살아가는 것을 의미한다.

"바라는 것들의 실상"이란 우리가 바라는 것이 아직 존재하지 않더라도 하나님의 신실하심을 의지하여 이미 존재하는 것처럼 확신하고 행동하는 것이다. 예를 들어, 농부는 씨를 뿌릴 때 당장 열매를 보지 못하더라도 수확을 기대하면서 물과 비료를 주며 정성껏 가꾼다. 미래에 곡식이 자랄 것을 확신하며 오늘 일을 하는 것이다. 하나님께 치유를 간구하는 것도, 아직 응답이 없더라도 하나님께서 최선의 결과를 이루어 주실 것을 확신하며 하는 행위다. 이 과정 자체가 "바라는 것들의 실상"이며, 하나님이 살아계심을 증거하는 믿음의 행위다.

"보이지 않는 것들의 증거"란 보이지 않는 것들을 마치 눈앞에 있는 것처럼 확신하며 믿는 것이다. 예를 들어 우리는 바람을 직접 볼 수는 없지만, 나뭇잎이 흔들리는 것을 통해 바람이 존재한다는 것을 알 수 있다. 바람 자체는 보이지 않지만, 그 결과가 보이기에 바람의 존재를 믿는 것이다. 믿음도 마찬가지다. 하나님이 눈에 보이지 않더라도 그분이 우리의 삶 속에서 역사하시는 흔적이 증거가 된다. 또 다른 예로, 와이파이 신호는 눈에 보이지 않지만, 우리가 스마트폰이나 컴퓨터를 통해 인터넷을 사용할 수 있다는 것이 보이지 않는 것의 증거가 된다. 마찬가지로 하나님을 직접 눈으로 볼 수는 없지만, 우리의 기도에 대한 응답과 삶 속에서 경험하는 변화가 그분의 존재를 증명하는 것이 된다.

쉽게 말하자면, 믿음은 아직 이루어지지 않은 미래의 소망을 현실처럼 여기고 행동하는 것이며(바라는 것들의 실상), 눈에 보이지 않지만 분명히 존재하는 것을 삶 속에서 경험하고 확신하는 것이다(보이지 않는 것들의 증거). 이러한 믿음을 가질 때, 우리는 하나님과 동행하며 이루어지지 않은 것을 현실로 경험하고 보이지 않는 것을 보는 삶을 살 수 있다.

믿음은 하나님이 존재하시고 선하신 분임을 확신하는 데서 시작한다. 그리고 보이지 않는 것을 신뢰하는 데서 깊이를 더한다. 믿음과 죄는 어떤 관계가 있을까? 예수님은 나를 믿지 않는 것이 죄라고 말씀하셨다(요한복음 16:9). 성경은 하나님을 믿지 않는 것이 단순한 무지나 선택의 문제가 아니라, 하나님을 대적하는 죄라고 명확히 말한다.

예수님은 그분의 부활을 믿지 못했던 제자 도마에게 "너는 나를 보았기 때문에 믿느냐? 나를 보지 않고도 믿는 사람은 복이 있다"(요한복음 20:29, 새번역)라고 말씀하셨다. 참된 믿음이란 물리적 증거에 의존하는 것이 아니라, 보지 않고도 확신할 수 있는 신뢰를 의미한다. 이는 모든 신앙인이 추구해야 할 믿음의 본질이라 할 수 있다.

신앙의 선배들은 믿음을 어떻게 보았을까? 4세기의 아우구스티누스와 중세 신학자 안셀무스는 유명한 격언 "이해하기 위해 믿으라Credo ut intelligam"라는 입장을 취했다. 이는 믿음과 이성의 관계를 설명하는 개념으로, 먼저 믿음이 있어야 참된 이해가 가능하며, 이성이 신앙을 더 깊이 이해하는 데 도움을 준다는 의미다. 안셀무스는 믿음과 이성은 대립적인 개념이 아니고, 믿음이 이해를 위한 출발점이라고 말했다. 먼저 하나님을 믿고 나면, 그 믿음을 통해 더 깊은 이해에 도달할 수 있다는 것이다.

이는 성경적 관점과도 일치하는데, 히브리서 11장

3절은 "믿음으로 우리는 … 깨닫습니다"(새번역)라고 말한다. 즉, 믿음은 단순한 감정적 확신이 아니라, 이해를 위한 기반이 된다는 것이다.

성경에는 믿음의 모범 사례가 많이 등장한다. 아브라함은 현재의 상황이나 눈에 보이는 증거가 아니라 하나님의 신실하심에 근거하여, 그의 자손으로 큰 민족을 이루겠다는 하나님의 약속을 의심하지 않았다. 노아가 하나님의 말씀을 듣고 보이지 않는 홍수를 준비하며 방주를 지은 이야기는 믿음이 보이는 증거가 아니라 하나님의 약속에 근거한다는 것을 보여 준다(히브리서 11:7). 모세가 보이지 않는 하나님을 신뢰하여 이스라엘 민족을 이끌고 애굽을 떠나 미지의 땅 가나안으로 향한 것도 믿음의 한 예다.

믿음은 고난을 통해 자란다

앞에서 믿음을 "바라는 것들의 실상이요 보이지 않는 것들의 증거"라고 했다. 야고보서 2장 17절은 "행함이 없는 믿음은 그 자체가 죽은 것이라"라고 말하며, 참된 믿음은 삶의 변화와 선한 행위로 이어져야 한다고 강조한다. 이러한 믿음은 어떻게 형성되는 것일까?

믿음은 시련을 먹고 자란다. 참된 믿음은 어려움 속에서도 흔들리지 않으며, 오히려 더 깊어지고 강해진다. 이러한 시련은 칼을 만들 때 불에 달군 쇠를 두드리는 망치처럼, 우리의 믿음을 단련시키고 더욱 견고하게 만드는 도구로 작용한다.

믿음은 단번에 완성되는 것이 아니라, 의심과 연약함을 거치면서 하나님과 동행하는 가운데 점차 깊어지고 견고해진다. 처음에는 약하게 느껴질 수 있지만, 시간이 지남에 따라 하나님께서 우리의 삶 가운데 신실하게 일하시는 것을 경험하며 점점 더 깊어진다. 믿음은 감정에 의존하지 않는다. 믿음이 없다고 느껴질 때도 하나님은 여전히 우리와 함께하시며, 의심은 믿음을 강화하는 도구가 된다.

믿음은 하나님께 우리 전부를 맡기는 것이다. 머리로만 아니라, 삶의 모든 영역에서 하나님께 의지하고 순종하는 것이다. 믿음은 우리가 하나님의 사랑과 은혜를 경험하는 통로다.

믿고 싶어도 안 믿어지는데…

하나님을 믿는 것은 단순한 종교적 개념이 아니라, 그분의 존재를 인정하고 그분과의 관계 속에서 신뢰를 쌓아가는 과정이다.

그런데 하나님을 믿고 싶어도 안 믿어지는데 어떻게 해야 하냐고 하소연하는 사람이 적지 않다. 이들은 기독교 신앙을 부정하거나 하나님이 없다고 주장하는 무신론자가 아니며, 오히려 하나님이 정말 존재한다면 만나고 싶다는 소망을 품고 있다.

사람들이 하나님을 믿게 되는 과정은 대략 두 가지로 나뉜다. 첫 번째는 극적이고 순간적인 회심이다. 어떤 특별한 계기를 통해 갑자기 하나님의 은혜가 강렬하게 임하고, 그 순간 믿게 되는 것이다. 신앙 간증에서 종종 들을 수 있는 사례다.

두 번째는 드라마틱하기보다는, 시간이 흐르면서 점진적으로 믿음이 자리 잡는 방식이다. 우리는 자칫 믿음을 단순히 '믿는다'와 '믿지 않는다'로 구분되는 온오프 스위치처럼 잘못 생각하기 쉽다. 우리는 하나님을 믿게 되는 '결정적인 순간'만을 주목하지만, 하나님은 그 전부터 이미 그 사람의 마음에 역사하고 계셨다.

믿음의 여정은 서서히 끓어오르는 물과 같다. 물에 열을 가하면 온도가 점차 상승하듯, 우리의 마음도 하나님에 대한 지속적인 관심과 말씀의 역사 속에서 서서히 변화한다. 그러다 어느 순간 물이 100도에 도달하면 끓기 시작하듯, 믿음도 점진적으로 자라다가 임계점에 이르면 마침내 "하나님을 믿습니다"라고 고백하게 된다.

혹자는 복음과 구원에 대한 말씀을 듣고서 믿고 싶기는 한데 안 믿어진다고 하소연한다. 하나님을 전혀 알지 못하는 사람이 한두 번의 설교나 누군가의 권유로 갑자기 믿음을 가지기는 쉽지 않다. 하나님이 누구신지, 무엇을 하셨는지 등을 전혀 모르는 상태에서 누가 "하나님 믿으세요"라고 말했다고 찬물이 갑자기 끓듯 갑자기 믿기는 어려울 것이다.

믿음은 하나님의 선물이다

에베소서 2장 8절은 "너희는 그 은혜에 의하여 믿음으로 말미암아 구원을 받았으니 이것은 너희에게서 난 것이 아니요 하나님의 선물이라"라고 말한다. 구원은 하나님의 은혜로 주어진 것이며, 믿음도 인간의 노력이나 공로가 아니라 하나님의 선물이라고 선언한다. 믿음은 단순히 내가 원한다고 생기는 것이 아니라, 하나님이 값없이 주시는 특별한 선물이라는 것이다. 또한 디모데전서 2장 4절은 하나님은 '모든 사람'이 하나님을 믿고 구원에 이르기를 원하신다고 말한다. 그러므로 이미 모든 사람에게 믿음의 선물이 주어졌다.

그렇다면 여기서 의문이 생긴다. 믿고 싶어도 믿음이 생기지 않는 사람들에게는 하나님이 깜빡하고 믿음의 선물을 주지 않으신 걸까? 하나님이 이미 선물을 주셨다면, 왜 여전히 하나님이 믿어지지 않는 것일까?

여기서 하나님이 믿음을 선물로 주신다는 것은, 믿음이 인간의 공로나 노력의 결과가 아니라 하나님의 은혜라는 뜻이다. 그런데 하나님은 인간을 로봇처럼 강제적으로 믿게 창조하지는 않으셨다.

그러므로 앞의 질문에 대한 답은 간단하다. 하나님이 선물을 안 주신 것이 아니라, 사람이 그 선물을 받지 않은 것처럼 행동한 것이다. 만약 받은 선물을 구석에 방치해 놓거나 포장을 풀어서 살펴보지 않으면 선물로서의 가치가 없게 된다.

믿음이라는 선물도 마찬가지다. 믿음의 선물은 우리가 수동적으로 기다릴 때 저절로 열리는 것이 아니다. 또한 믿음은 우리의 의지로 억지로 만들어지는 것도 아니다. 하나님이 주신 선물을 누리기 위해서는 우리의 노력이 필요하다. 선물 박스를 열고 그 안에 담긴 것이 무엇인지 확인하며 그것을 삶 속에서 누리는 것은 우리의 몫이다. 믿음은 하나님이 주신 선물이지만, 우리가 발견하고 받아들일 때 비로소 마음속에 깊이 자리 잡는다. 마치 수정된 난자가 자궁에 잘 착상해야 생명이 자라는 것처럼, 믿음도 우리 마음밭에 제대로 착상하여 뿌리내려야 온전히 자랄 수 있다.

믿음의 성장은 상식적으로 진행된다

우리는 복음을 듣고 믿게 되는 과정이, 마치 번개가 번쩍 치듯 순식간에 일어나는 초자연적인 경험일 것이라는 선입견을 가지고 있다. 그러나 사실은 그 반대로, 매우 상식적인 과정을 통해 진행된다. 갓 태어난 아기는 아무것도 모른다. 그러나 아기가 자라 세상을 보고 듣고 경험하면서 '세상은 이런 거구나' 하고 인식하며 믿게 된다. 하나님은 이러한 상식적인 삶의 원리를 통해 복음이 믿어지도록 하셨다.

누가 어떤 사람을 뜬금없이 데리고 와서 "이 사람은 좋은 사람이니까 믿으라"라고 한다면 믿을 수 있는가? 믿기 어려울 뿐 아니라 거부감을 느낄 것이다. 그 사람이 누구인지, 어떤 일을 했는지를 알고 경험한 후에라야 비로소 신뢰할 만한지 판단할 수 있을 것이다. 마찬가지로 누가 하나님을 다짜고짜 믿으라고 하면 당연히 믿어지지 않을 것이다. 하나님이 누구이며 어떤 분인지 모르기 때문이다.

하나님을 믿는 것은 단순히 감정적으로 이루어지는 일이 아니다. 성경은 믿음이 어떻게 생기는지 알려 준다. 로마서 10장 17절은 믿음은 그리스도의 말씀을 들음으로 생긴다고 말한다. 즉, 예수님(하나님)를 믿으려면 먼저 예수님의 말씀을 듣고 그분의 말씀과 삶을 관찰하며 경험해야 한다는 것이다. 믿음은 술 담배 끊고, 착해지고, 종교적인 열심을 내는 인간의 행위에 의해 생기는 것이 아니다. 죄로 부패한 인간 안에 있는 그 어떠한 것도 믿음의 단초가 되지 못한다. 다시 강조하지만, 믿음은 정확한 하나님의 말씀을 들음에서 난다.

우리가 삼국시대의 을지문덕 장군이나 김유신 장군을 처음부터 잘 알고 있지는 않았을 것이다. 하지만 학교에서 그들에 대해 듣고 배움으로써 점점 그들의 존재에 대한 믿음이 뿌리내리게 된다. 인간도 듣고 배워야 이해되고 믿어지거늘, 하물며 하나님에 대해서는 무엇을 더 얘기하겠는가. 믿음도 마찬가지다.

예수님은 성경에서 자신이 누구인지 말씀하셨고, 자신의 행동과 약속을 통해 그분의 정체성을 보여 주셨다. 성경을 통해 예수님의 삶과 가르침을 보고, 그분의 행동을 이해하며, 그분이 하신 약속이 어떻게 이루어졌는지 확인할 때, 믿음은 서서히 우리 안에 자리 잡고 뿌리를 내린다.

믿음은 이미 주어진 복음, 곧 성경에 기록된 하나님의 말씀을 듣고 신뢰함으로써 자라난다. 그러므로 우리는 예수님이 누구신지 보고, 듣고, 경험하는 시간을 스스로 내야 한다. 누가 대신해 줄 수 있는 일이 아니다. 믿고 싶은 사람이 들어야 한다.

기독교 신앙은 종교가 아니다

많은 사람들이 기독교를 단순히 하나의 종교로 생각한다. 하지만 기독교는 본질적으로 다르다. 기독교와 다른 종교의 가장 큰 차이는 인간과 신의 관계에서 비롯된다. 일반적으로 종교는 인간이 스스로 신을 찾고, 그 신을 만족시키기 위해 수행하는 의식 체계다. 즉 인간이 노력하고 제사를 지내며 신의 축복을 얻기 위해 애쓰는 것이다.

그러므로 종교는 인간의 노력과 행위를 강조한다. 인간은 신을 감동시키고 은혜를 얻기 위해서 선한 일을 하고, 종교적 의무를 수행하여 인정을 받고 업적을 쌓으려고 한다. 마치 신용카드를 많이 사용해 포인트를 쌓으면 선물을 받듯이.

반면 기독교는 인간이 노력이나 행위로 신을 기쁘게 하는 것이 아니라, 하나님께서 먼저 사랑으로 손을 내밀어 관계를 맺으신 사랑과 은혜의 역사다. "우리가 아직 죄인 되었을 때에 그리스도께서 우리를 위하여 죽으심으로 하나님께서 우리에 대한 자기의 사랑을 확증하셨느니라"(로마서 5:8). 우리가 하나님을 먼저 찾은 것이 아니라, 하나님께서 우리를 먼저 사랑하시고 구원하시기 위해 예수님을 이 땅에 보내셨다.

하나님은 새 종교가 아니라 새 생명을 주셨다

예수님은 종교적 형식주의와 율법주의를 깨뜨리셨다. 예수님 당시 종교계에서 막강한 영향력을 가진 바리새인과 서기관들은 규칙과 전통을 강조했지만, 예수님은 그들의 비뚤어진 구원관과 위선적 형식주의를 나무라며 진정한 신앙의 본질을 가르치셨다.

종교계에는 "기독교뿐만 아니라 다른 종교에도 구원이 있다"라고 주장하는 이른바 '종교 다원주의'가 있다. 이에 대해 예수님은 요한복음 14장 6절에서 "내가 곧 길이요 진리요 생명이니 나로 말미암지 않고는 아버지께로 올 자가 없느니라"라고 하시며, 세상의 어떤 종교가 아니라 오직 자신만이 하나님께 나아가 구원을 받을 수 있는 유일한 길임을 선언하셨다. 사도행전 4장 12절 역시 예수 외에 다른 아무에게도 구원은 없다고 동일한 선언을 한다.

구원의 의미를 확실히 이해하면 종교 다원주의의 오류를 쉽게 발견할 수 있다. 성경에서 말하는 구원은 도덕적으로 악한 사람이 선한 사람이 되는 것을 뜻하는 것이 아니다. 또한 개혁을 통해 악한 사회를 개선하고자 하는 것도 아니다. 기독교에서 말하는 구원은 '죄로부터의 구원'이며 하나님과의 관계를 회복하는 것을 의미한다.

성경에서 말하는 죄의 본질은 하나님을 거부하고 자신이 삶의 주인 노릇을 하는 것이다. 따라서 성경에서 말하는 구원은 하나님을 거부했던 사람이 죄를 회개하고 하나님을 믿음으로써 은혜로 구원과 영생을 얻게 되는 것을 뜻한다. 이런 맥락에서 "다른 종교에도 인간이 하나님의 은혜로 죄 사함을 받고 구원과 영생을 얻는 방법이 있는가?"라는 질문에 대한 대답은 "아니다"이다. 자유주의와 인본주의 사상이 극성인 요즈음, 종교 다원주의가 언뜻 인간적이고 포용적으로 들려 솔깃할 수 있지만, 진리의 관점에서는 치명적인 오류다.

우리는 단순한 종교적인 행위로 하나님을 기쁘시게 할 수 없다. 예수님 당시 바리새인들은 율법과 규칙을 철저히 지켰지만 마음에는 위선과 오만이 가득한 종교인에 지나지 않았다. 신앙생활에서 교회 출석, 헌금, 봉사가 중요하지만, 이것들은 하나님과의 관계의 본질은 아니다. 하나님께서 원하시는 것은 겉으로 드러나는 행동과 의무가 아니라, 우리의 온전한 마음과 삶 전체다.

십자가는 하나님께서 인간에게 다가오신 사건이다. 예수님의 십자가는 우리가 하나님과 화목할 수 있는 유일한 길이다. 예수님을 믿는다는 것은 그분과 인격적인 관계 속으로 들어가는 것이다.

하나님은 새로운 종교를 주신 것이 아니라, 새로운 생명을 주셨다. 사도 바울이 갈라디아서 2장 20절에서 "내가 그리스도와 함께 십자가에 못 박혔나니 그런즉 이제는 내가 사는 것이 아니요 오직 내 안에 그리스도께서 사시는 것이라"라고 고백하듯, 우리는 하나님께서 주신 영원한 새 생명으로 사는 것이다.

믿음으로 사는 자는 옛 자아가 십자가에서 그리스도와 함께 죽고, 또 그리스도 안에서 새롭게 태어나는 것이다. 이제 우리는 더 이상 종교적 의식과 율법의 행위로 하나님께 나아가는 것이 아니라, 오직 예수 그리스도를 통해 은혜로 나아갈 수 있다.

하나님은 문제를 해결하고 위로해 주신다

위험과 유혹이 가득한 인생 여정에서 하나님은 우리의 삶을 인도하시는 길잡이자 해결사가 되신다. 영적 자이로스코프, 인생의 조율사, 그리고 킹핀 역할을 하신다.

자이로스코프가 로켓의 균형을 유지하며 올바른 방향으로 상승하도록 돕는 것처럼, 하나님은 우리의 영적 자이로스코프가 되셔서 우리가 살아가는 매 순간 궤도를 바로잡아 올바른 길로 이끌어 주신다. 우리 인생이 때때로 불협화음을 낼 때, 최고의 연주를 위해 조율사가 악기를 조율하듯 우리의 삶을 세밀하게 조율하는 인생의 조율사가 되신다. 또한 볼링에서 스트라이크를 얻으려면 볼을 반드시 10개의 핀 중에서 5번 핀, 즉 킹핀을 맞춰야 하듯, 하나님은 우리의 인생 여정에서 마주하는 어려움을 해결해 주는 인생의 킹핀이 되신다. 하나님은 우리를 선하게 인도하실 뿐 아니라, 우리가 어려움과 고통 속에서 흘리는 눈물을 닦아 주시며 위로와 평안을 주신다.

영적 자이로스코프

종종 TV에서 중계되는 로켓 발사 장면을 보며 마음을 졸인다. 길쭉한 로켓이 하늘로 상승하다가 혹시 옆으로 쓰러지면 어쩌나 하는 염려가 생기기도 한다. 하지만 로켓은 똑바로 올라간다. 신기하지 않은가?

로켓 엔진은 아래를 향해 연료를 연소시켜 엄청난 추진력을 만든다. 이 힘으로 로켓은 무게와 중력을 이겨 내며 상공으로 올라간다. 하지만 로켓이 상승하는 동안 대기 저항, 바람, 추진체 불균형, 단계 분리에 따른 영향 등 내외부 요인에 의해 궤도가 흔들릴 수 있다. 이러한 요인들을 극복하고 궤도를 안정화시켜 상승하게 하려면 로켓 내부에 여러 장치가 필요하다. 그중 가장 중요한 장치는 자이로스코프다. 이 장치는 로켓의 자세를 정밀하게 제어하여, 상승 중에 로켓이 옆으로 쓰러지지 않고 목적한 궤도를 따라 올라가게 한다.

로켓이 발사되면 자이로스코프 안의 회전체가 고속으로 회전한다. 회전체가 빠르게 회전하면 그 회전 축은 외부 힘에 대해 강한 저항력을 가지며 방향을 유지하려는 특성을 나타낸다. 예를 들어, 자전거를 탈 때 바퀴가 빠르게 회전할수록 자전거가 넘어지지 않고 똑바로 가는 것은 바퀴가 도는 동안 그 방향을 유지하려는 힘이 생기기 때문이다.

로켓이 상승하면서 내외적 요인으로 방향성과 안정성에 변화가 생길 수 있듯이, 인생이라는 광야를 걷다 보면 세상 유혹과 염려에 방향을 잃기 쉽다. 이러한 흔들림은 누가 바로잡아 주고 제어할까? 인간 스스로? 긍정적인 사고나 명상이나 심리 치료로? 이러한 접근 방법들이 인간의 마음을 일시적으로 다스리는 데 도움을 주는 임시방편이 될 수는 있겠지만, 근본적인 치료책은 아니다.

하나님은 우리의 영적 자이로스코프시다. 그분은 가시덤불과 늪이 가득한 인생 여정에서 방향을 잃고 방황하는 우리를 지켜보시며 안전하고 올바른 방향으로 나아가도록 인도하신다.

인생 조율사

오랫동안 치지 않은 피아노를 조율하면 전과 후가 확연히 차이가 난다. 악기는 정기적으로 점검하거나 수리하지 않으면 제 기능을 발휘하지 못한다. 음정이 흐트러지기도 하고, 심지어는 소리가 안 나기도 한다.

조율은 어떤 장치가 최상의 성능을 내도록 조정하는 작업이다. 새로운 음을 만드는 것이 아니라, 원래 음으로 돌아가게 하는 것이다. 조율은 조율사가 한다. 연주를 하기 전에 조율사는 악기의 음을 정확하게 조절하여 최상의 소리를 내도록 한다. 피아노 전문 연주자 곁에는 조율사들이 있어, 음의 잔향까지 고려해 줄을 조이고 풀며 피아노를 최적의 상태로 유지한다.

조율사는 악기뿐 아니라 주어진 공간에서 악기의 음질을 최대한 살리기 위해 주변 환경 요소도 고려한다. 예를 들어, 악기가 사용되는 공간의 습도와 온도가 음질에 미치는 영향을 파악하고 조절한다. 이 과정을 통해 악기는 최상의 음질을 내고, 연주자는 더욱 완벽한 연주를 할 수 있게 된다.

완벽한 연주를 위해 악기를 최적 상태로 조율하듯, 우리도 최적 상태로 조율되어 있어야 한다. 우리는 삶의 여정에서 자신이 추구하는 목표와 가치가 무엇인지 모르고 방황하는 경우가 많다. 하나님께 불순종하며 멀리 떠났을 때, 우리의 삶은 여러 군데서 불협화음을 내며 뒤틀리게 된다. 질곡의 세월을 살아가는 누구에게나 이런 어려운 상황이 닥친다. 이때 조율을 통해서 우리가 처음에 가지고 있었던 목표와 가치를 회복하는 것이 필요하다.

우리 인생의 최고의 조율사는 우리를 만드셔서 우리를 속속들이 알고 계신 하나님이다. 그분은 우리 각자가 안고 있는 문제도 잘 알고 계신다. 우리가 하나님의 조율을 받아들이고 순종할 때, 온전한 원래의 모습으로 회복될 수 있다. 마치 악기를 조율하는 목적이 원래의 음으로 돌아가게 하는 것처럼.

성경은 하나님이 주신 인간 삶의 지침서다. 우리가 누구이고, 무엇을 위해 살아야 하는지, 어떻게 살아야 하는지에 대한 목적과 방향을 밝히 말하고 있는 조율 매뉴얼이다. 정상 궤도를 이탈하여 뒤틀려 버린 인생의 조율

과정은 시간이 걸릴 뿐 아니라, 종종 고통과 인내가 동반되기도 한다.

하나님이 인생을 조율하신 대표적인 인물로는 다윗왕과 사도 바울을 꼽을 수 있다. 다윗은 고대 이스라엘의 왕이었다. 인생 초기에는 그를 죽이려고 하는 사울왕의 음모를 피해 15년에 걸친 광야 생활을 하며 죽음에 버금가는 고통의 나날을 보냈다. 나중에 왕위에 있을 때도 죄와 정욕에 빠져 간통 및 살인죄를 저질렀다. 그러나 하나님의 조율 과정을 통해 다윗은 진정으로 회개하고 이스라엘의 위대한 왕으로 거듭난 인생을 살았다.

사도 바울은 하나님의 이끄심과 조율로 드라마틱한 삶을 살았다. 바울은 원래 유대 명문 가문 출신으로, 예수님을 배척하고 그리스도인 박해에 앞장섰던 혈기 있고 기세등등한 바리새인이었다. 하나님은 잘못된 길을 걷고 있었던 바울을 그분의 선한 뜻에 따라 조율하셨다. 바울은 다마스커스로 가던 길에 예수님을 만난 후 회심하여 제자가 되었다. 그는 하나님의 사랑과 용서를 경험함으로써 변화되어, 기독교 역사상 가장 위대한 전도자가 되었다.

하나님의 조율을 받아들이고 순종할 때, 우리는 원래 모습으로 회복되고 하나님의 사랑과 영광을 드러낼 수 있다.

인생의 킹핀

많은 사람들이 즐기는 볼링은 구멍이 뚫린 큰 볼링공을 손가락으로 잡은 후 나무 바닥에 굴려 레인 끝 삼각형 모양 안에 서 있는 10개의 핀을 넘어뜨리는 게임이다. 한두 번의 공 굴림으로 넘어뜨린 핀의 개수가 점수다.

공을 치는 사람이 볼 때 제일 앞에 보이는 핀을 '헤드핀' 혹은 1번이라고 부른다. 그 뒤로 왼쪽에서부터 오른쪽 방향으로 번호가 매겨져 둘째 줄은 2, 3, 셋째 줄은 4, 5, 6, 그리고 넷째 줄은 7, 8, 9, 10번이 부여된다. 공을 굴려 한 번에 10개 핀 모두를 쓰러뜨리는 것을 '스트라이크'라고 한다. 볼링공으로 10개 핀 모두를 직접 맞춰 스트라이크를 얻는 것은 불가능하다. 그래서 핀들끼리 서로 부딪혀 최대한 많은 핀들이 쓰러지도록 해야 한다.

스트라이크를 치려면 제일 앞에 보이는 1번 헤드핀을 공략해선 어렵다. 볼이 이른바 '1-3 포켓' 라인이라고 불리는 1번과 3번 사이 틈새를 밀치고 들어가, 셋째 줄 가운데 서 있는 5번 핀을 맞춰야 한다. 5번 핀은 뒤쪽에 위치해 있어 잘 보이지 않는다. 하지만 일단 5번 핀을 맞춰 쓰러뜨리면, 그 충격으로 인해 나머지 핀들도 연쇄적으로 쓰러지게 된다. 즉 다른 핀을 넘어뜨리기 위한 급소 핀인 것이다. 이처럼 핀 하나의 공략으로 모든 핀을 쓰러뜨려 스트라이크를 가능하게 하는 5번 핀을 '킹핀'이라고 부른다.

볼링 게임의 킹핀은 중요한 교훈을 준다. 진정한 성공을 위해서는 눈앞의 단기 목표가 아닌 핵심에 집중해야 한다는 것이다. 중요한 핵심을 알면 문제를 쉽게 풀 수 있다. 말하자면, 볼링에서 5번 핀에 해당한다. 실제 예를 들어 보자.

아마존 밀림에서는 나무를 벌목한 다음 이들을 강물에 띄워서 하류로 보내는 작업을 한다. 물을 따라 잘 흘러가다가, 강폭이 좁아지고 굴곡이 생기는 지점에서 나무들이 서로 뒤엉켜 떠내려가지 못하고 꽉 막히는 경우가 있다. 마치 출근 길 차로 꽉 막힌 도로처럼. 사방이 꽉 막힌 듯한 난감한 상황이다. 그러나 경험이 풍부한 벌목

공들은 이 문제의 해결책을 알고 있다. 뒤엉켜 있는 나무 중에서 엉킴의 주 원인이 되는 나무 하나만 건드려 주면 뒤엉켜 있던 나무들이 풀려 다시 순조롭게 흘러가게 된다. 바로 '킹핀' 나무다. 어느 나무가 킹핀인지 찾아낼 수 있는 사람이 프로다.

인생 여정에서 우리는 때때로 유혹과 어려움에 직면한다. 유혹은 우리를 넘어뜨리고, 어려움은 우리를 좌절시키며 절망하게 만든다. 어려움과 절망에서 벗어나기 위해 사람들은 자신이 쌓아올린 재물, 인맥, 권력, 건강, 쾌락 등 세상의 우상들에 기대어 해결하려고 발버둥 친다. 하지만 재물은 손에 쥔 모래알처럼 스르르 빠져나가 사라지고, 인맥은 내가 어려워지면 안개처럼 사라지며, 권력은 벚꽃이 지듯 한순간에 스러지고, 건강은 세월에는 속수무책이며, 쾌락은 우리를 쓰러뜨릴 기회만 엿보고 있다. 이런 것들은 일시적인 위안에 그칠 뿐, 오히려 더 큰 좌절과 실망을 안겨 준다.

모든 것이 틀어지고 꼬여 속수무책인 순간에 한 번 공을 굴려 스트라이크를 따낼 수 있는 핵심, 인생의 킹핀을 찾아야 한다. 하나님은 우리가 어려움을 넘어서는 데 필요한 통찰력과 지혜를 제공하는 대체 불가능한 '인생의 킹핀'이시다. 하나님은 우리가 부딪치는 모든 문제와 어려움을 알고 계실 뿐 아니라, 해결하는 방법도 알고 계시기 때문이다.

킹핀이신 하나님께 우리의 문제를 맡기면 세상이 상상하지 못하는 지혜로 인생의 모든 어려움을 해결해 주신다. 그리고 "내가 평안히 눕고 자기도 하리니 나를 안전히 살게 하시는 이는 오직 여호와이시니이다"(시편 4:8)라는 고백을 하게 하신다.

우리의 눈물을 닦아 주시는 하나님

우리 인생에서 슬픔과 아픔은 피할 수 없는 현실이다. 믿음이 좋은 사람이라 해도 어려움이 찾아오는 것은 마찬가지다. 때로는 그 고통이 너무 커서 숨 쉬는 것조차 힘들고, 기도할 힘마저 없어질 때도 있다. 하지만 그 어둠 속에서도 우리를 향한 하나님의 사랑은 한순간도 멈추지 않는다. 마치 어머니가 아이의 눈물을 조용히 닦아 주듯, 하나님도 우리의 눈물을 닦아 주시며 위로와 평안을 주신다.

예수님도 이 땅에서 삶을 살아가시는 동안 슬픔을 경험하셨다. 나사로가 죽었을 때, 예수님은 눈물을 흘리셨다. 이는 단순한 감정의 표현이 아니라, 우리의 슬픔을 깊이 이해하고 함께 아파하시는 하나님의 마음을 보여 주는 것이다. 우리가 삶의 무게에 짓눌려 눈물을 흘릴 때, 하나님은 우리와 함께 우시며 아파하신다. 하나님은 결코 우리를 고통 속에 홀로 두지 않으신다.

다윗은 적군에게 포로로 잡혀 고난을 당할 때도 하나님을 신뢰하며, 자신의 고난과 눈물이 헛되지 않을 것이라는 믿음을 가졌다. 시편 56편 8절에서 다윗은 하나님께서 자신이 겪는 고난을 모두 알고 계시며, 그가 흘리는 눈물 하나하나를 소중히 여기고 기억하신다고 고백했다. 이는 하나님께서 우리의 아픔을 얼마나 소중하게 여기시는지를 보여 준다.

더 나아가 하나님은 우리의 슬픔을 위로하실 뿐 아니라, 그것을 통해 우리를 성장시키신다. 때로는 고통스러운 경험이 우리를 더 깊은 믿음과 성숙으로 이끌기도 한다.

마지막으로, 하나님 나라에서는 슬픔과 고통이 완전

히 사라질 것이라는 영원한 소망을 주신다. 요한계시록 21장 4절은 하나님이 모든 눈물을 그 눈에서 닦아 주시니 다시는 사망이 없고, 애통하는 것이나 곡하는 것이나 아픈 것이 다시 없을 것이라고 말한다. 이 소망은 우리가 현재의 어려움과 고통을 넉넉히 견딜 수 있게 해주는 힘이 된다.

우리를 창조하시고, 죄를 용서하여 구원과 영원한 생명을 주신 하나님은 우리의 고통과 눈물을 외면하지 않으신다. 그분은 우리와 함께 아파하시며 위로해 주시고, 언젠가는 우리의 모든 눈물을 닦아 주실 것이다. 이것이 바로 우리를 자녀로 삼아 주신 하나님의 크고 놀라운 사랑이다.

에필로그

이 글은 내가 배우고 경험한 하나님에 대해 쓴 것이다. 하나님의 살아계심과 형용할 수 없는 사랑, 예수님과 믿는 자들의 죽음과 부활과 영원한 생명은 부인할 수 없는 진리다.

나의 삶은 하나님을 알기 전과 후로 극명하게 나뉜다. 하나님을 알기 전에는 냇물 위에 떠 있는 나뭇잎이 물살을 따라 떠내려가듯, 어디로 간다는 목표도 없이 세월을 따라 흘러갔다. 어디로 가고 있는지도 몰랐다. 혹시 내가 손에 쥐고 있는 무엇이라도 잃을까 봐, 내가 원하는 대로 되지 않을까 봐 늘 불안했다.

진리이신 하나님이 내 맘에 오신 후 나는 자유로워

졌다. 내가 바라던 바와 다를지라도, 하나님이 이끄시는 길이 가장 선한 길임을 알게 되었다. 모든 것을 세상의 기준이 아닌 하나님의 기준으로 바라볼 때 한없는 자유함을 느낀다.

진정한 나는 스스로 만들어가는 것이 아니라, 하나님 안에서 발견되는 것이다. 이제 나는 나를 찾기 위해 애쓰지 않는다. 왜냐하면 하나님에게 모든 것을 맡기고 옛 자아를 버릴 때 진정한 나를 발견할 수 있기 때문이다.

이 글을 마무리하며 다시 강조하고 싶은 것은, 하나님과 믿는 자는 단순한 신앙적 관계를 넘어 생명 관계를 맺고 있다는 점이다. 기독교 신앙의 핵심은, 율법적 종교에서 흔히 목격하듯 자신의 선행이나 고행 등으로 스스로 개선되는 것Self-Improvement이 아니라, 우리의 옛 생명이 죽고 하나님의 새 생명으로 교체Life Replacement 되는 것이다. 나의 노력과 행위가 아니라, 하나님을 믿는 믿음으로 거저 얻어지는 구원과 영원한 생명이다.

이 글을 읽는 모든 분에게, 하나님과 예수 그리스도께서 주시는 은혜와 평안이 늘 함께하기를 기도한다.

하나님이 궁금한 당신에게
ⓒ 이호수

1판 1쇄 인쇄 2025년 5월 1일
1판 1쇄 발행 2025년 5월 7일

지은이   이호수
발행인   조애신
책임편집   이소연
디자인   임은미
마케팅   전필영
경영지원   전두표

발행처   도서출판 토기장이
주소   서울시 마포구 동교로 71-1 2F
출판등록   1998년 5월 29일 제1998-000070호
전화   02-3143-0400
팩스   0505-300-0646
이메일   tletter77@naver.com
인스타그램 togijangi_books_

ISBN   978-89-7782-546-8

• 이 책은 저작권 법에 따라 보호를 받는 저작물이므로 무단 전재와 무단 복제를 금합니다.
• 이 책의 전부 또는 일부를 이용하려면 반드시 저자와 도서출판 토기장이의 동의를 받아야 합니다.

도서출판 토기장이는 생명 있는 책만 만듭니다.
"우리는 진흙이요 주는 토기장이시니 우리는 다 주의 손으로 지으신 것이니이다" (이사야 64:8)